本书得到吉林省教育厅科学研究项目（项目号：JJKH20230184KJ）的资助。

物联网技术下
物流管理的发展探究

毛云舸／著

吉林大学出版社

·长春·

图书在版编目（CIP）数据

物联网技术下物流管理的发展探究 / 毛云舸著. --
长春 : 吉林大学出版社, 2023.6
ISBN 978-7-5768-2051-5

Ⅰ.①物… Ⅱ.①毛… Ⅲ.①物联网－应用－物流管理 Ⅳ.①F252-39

中国国家版本馆CIP数据核字(2023)第172218号

书　　名：物联网技术下物流管理的发展探究
WULIANWANG JISHU XIA WULIU GUANLI DE FAZHAN TANJIU

作　　者：毛云舸
策划编辑：黄国彬
责任编辑：张维波
责任校对：范　爽
装帧设计：刘　丹
出版发行：吉林大学出版社
社　　址：长春市人民大街4059号
邮政编码：130021
发行电话：0431-89580028/29/21
网　　址：http://www.jlup.com.cn
电子邮箱：jldxcbs@sina.com
印　　刷：天津鑫恒彩印刷有限公司
开　　本：787mm×1092mm　　1/16
印　　张：10.25
字　　数：160千字
版　　次：2023年6月　第1版
印　　次：2023年6月　第1次
书　　号：ISBN 978-7-5768-2051-5
定　　价：68.00元

前　言

物联网是当前信息化时代发展的重要阶段，也是互联网应用的拓展，物联网为我们提供了全面感知物质世界的能力，也为产业发展提供了前所未有的机遇。近年来，随着物联网中的RFID、传感技术等核心技术的发展与广泛应用，物联网成为国内外关注的热点话题。应用是物联网发展的基础，发展物联网技术就是要将网络化技术与现代物流行业、制造业等多种产业进行深度融合，实现物品的自动识别、非接触处理和信息实时共享，可以在任何时间、地点，对任何物品进行监控与自动化管理，对物流行业的发展具有重要的意义。

现代物流是物联网发展的基础，也是物联网应用的重要领域，积极探索物联网技术在现代物流行业中的应用十分必要。随着经济一体化的发展，物流行业对网络化水平的要求与日俱增，传统的物流管理模式已经不能适应社会的发展，物联网技术在现代物流管理中的应用势在必行。物联网技术与现代物流具有天然的适应性，将物联网技术应用到现代物流管理的全过程，可使物联网技术与现代物流管理有机结合，从而形成基于物联网技术的物流管理体系。

本书之所以能够在众多优秀的现代物流著作中独树一帜，主要源于以下特色：

第一，观点新颖。本书以物联网为背景，对现代物流管理的相关知识进行论述和探讨。

第二，实用性强。本书在论述物联网与现代物流及管理的基础上，对成本管理中的物联网技术、质量管理中的物联网技术、基于物联网的农

1

产品物流、国际物流等进行论述，是物联网应用于现代物流管理的具体体现。

第三，内容全面。本书站在物联网的视角对现代物流管理展开论述。首先，是对物联网、现代物流的基础知识进行解读；其次，是将物联网贯穿到现代物流管理的各个领域，体现了内容全面的特点。本书得到吉林省教育厅科学研究项目（项目号：JJKH20230184KJ）的资助。

本书在写作过程中，查阅了很多国内外资料和文献，吸收了很多与之相关的最新研究成果，借鉴了大量学者的观点，在此表示诚挚的谢意！由于个人水平及时间有限，再加上物联网产业的迅速发展，相关技术和管理理念不断更新，书中难免存在不足或疏漏之处，请广大读者批评指正！

毛云舸
2023年5月

目　录

第一章　现代物流的概念与发展

第一节　现代物流的概念分析

人类社会自开始生产与交换商品以来，就存在着与生产和流通相适应的物流活动。生产资料和生活资料的生产与耗用往往存在着时间及空间上的差异。在生产、消费的同时，人们需要将物品运至特定地点存储起来，以供再生产、交换和消费。原始物流阶段，由于生产力水平较低以及技术、技能的局限性，当时的物流活动处于分散的无组织状态。随着生产力水平的提高、工业文明的兴起、社会化生产的出现、生产与消费的分离，流通的地位显现出来，物流活动越来越活跃。轮船、火车、汽车、飞机等运输工具的出现，仓储库房的使用，基础设施的建设，使得物流活动的功能要素逐渐增多。由于政府与企业的重视，大量条件良好的交通网络与交通枢纽逐步形成，为物流业的发展提供了很好的物质基础。

一、现代物流的概念

现代物流的发展离不开信息技术的支持，利用信息技术实现信息的高速传输、处理和共享，可以加快物流速度、提高物流效率和服务水平，实现物流系统的优化和协调。同时，现代物流还强调对环境的保护，通过减少能源消耗、减少废弃物的产生和循环利用等方式，实现可持续发展。现代物流的发展不仅促进了商品流通和经济发展，也对全球产业链和供应链的优化和调整起到了重要作用。

（一）传统物流与现代物流的区别

传统物流与现代物流的区别在于其范围和管理方式的不同。传统物流主要集中在运输、装卸和储存等环节，主要是单一的功能性操作，没有形成完整的物流体系。而现代物流则将物流的各个环节进行综合管理，包括采购、生产、销售、运输、仓储、包装、配送等环节，并通过信息技术实现全流程的可视化和集成化管理。

另外，传统物流强调的是物品的流动，而现代物流强调的是信息的流动。现代物流借助信息技术实现了对物流全过程的监控和管理，通过信息系统对物流活动进行规划、组织、实施和控制，从而提高物流效率和服务水平，降低物流成本。

（二）现代物流的特征

1. 信息化

现代物流在信息技术的支持下，实现了信息共享、数据分析、智能调度等功能，提高了物流运作的效率和可靠性。

2. 专业化

现代物流倡导专业分工和职责分明，将物流分成不同的领域，如货运、仓储、配送等，专业化的运营方式有助于提高物流服务的品质和效率。

3. 集约化

现代物流倡导资源的集中配置和利用，提高物流运作的效率和降低物流成本。

4. 网络化

现代物流系统通过物流网络和信息技术实现了物流系统各个环节的互联互通，实现了信息流、物流和资金流的协同运作，提高了物流系统的整体运作效率和服务水平。

5. 绿色化

现代物流注重环境保护和资源节约，采用节能减排、绿色包装等环保措施，实现了经济效益和环境效益的双重收益。

（三）现代物流的行业构成

1. 交通运输业

交通运输业是现代物流业的主体行业，包括铁道货运业、汽车货运业、水道货运业、航空货运业、管道运输业。

2. 仓库业

仓库业通过提供仓库承担存储货物业务，包括代存、代储、自存自储等。现代物流业的存储环节除了原有的报关储存业务外，还要承接大量的流通加工业务，如分割、分拣、组装等，同时还承担物流中分量很重的装卸业务。

3. 通运业

通运业是物流业中主要行业之一，包括集装箱联运业、集装箱租赁经营业、运输代办业、行李托运业、托盘联营业等。

4. 配送业

配送业是以配送为主的各类行业，是商流和物流一体化的行业。

（四）现代物流的运作模式

现代物流的运作模式呈现出多样化的趋势，根据现有市场体系大致可以分为以下几种。

1. 自营物流

自营物流指企业自行组建和管理的物流体系，通过自己的运输设备、仓储设施和信息系统等资源，为企业自身的生产和销售提供物流服务。自营物流可以提高企业对物流环节的控制和管理，使企业能够更好地把握物流成本和效率，提高产品的市场竞争力。此外，自营物流还能够为企业提供个性化、专业化的物流解决方案，满足企业多样化的需求。

2. 物流联盟

物流联盟是指多家物流企业之间通过签署协议，共同协作和资源整合，形成具有协同作用和优势互补的物流联盟组织。物流联盟通过资源共享、信息共享、协同运作等方式，提高了物流服务的综合能力和效率，降低了成本，提高了市场竞争力。同时，物流联盟还可以扩大物流企业的市场份额，促进行业的健康发展。物流联盟的形式多样，包括区域性物流联盟、行业性物流联盟、专业性物流联盟等。

3.电商物流

这种模式是指以电子商务为驱动，将传统物流服务与电子商务相结合，通过互联网和移动终端等新技术实现物流信息的共享和交流，为电子商务提供高效、快捷、安全的物流服务。

4.物流金融

这种模式是指将物流和金融服务相结合，为物流企业和客户提供资金融通、信用保障、风险管理等服务，以推动物流业的发展和创新。

5.智慧物流

这种模式是指利用物联网、大数据、云计算、人工智能等新技术，实现物流信息化、智能化和自动化，提高物流运作效率和服务质量。

二、现代物流的主要观念与学说

（一）商物分离学说

所谓商物分离，是指流通中的两个组成部分，即商业流通，简称商流；实物流通，简称物流。按照各自的规律和渠道独立运动。

一般来说，在传统物流活动中，商流信息和物流实物是按照统一的路线，在卖方和买方之间直接实现交换，物流不通过独立的物流渠道来完成其活动，即所谓的商物统一；但在现代物流活动中，由于更多的买方和卖方集中于核心业务而将物流等非核心业务外包，所以商流在买卖双方之间直接实现交换，而物流活动则更多通过独立的物流渠道来完成，即所谓的商物分离是现代物流产生的基础。

（二）物流"冰山"学说

物流"冰山"学说是指在物流运输过程中，我们所能看到的只是物流活动的冰山一角，也就是运输、仓储、装卸等物流环节中表面上可见的部分。而隐藏在表面下的物流管理、计划调度、信息流、财务、人员管理等多个环节则构成了整个物流活动的庞大部分，这些环节不仅影响着物流活动的效率和成本，也直接影响着企业的竞争力和市场地位。因此，物流"冰山"学说的核心思想是，企业应该全面管理整个物流过程，加强内部协调，优化各个环节，以提高物流运作效率、降低物流成本、增强竞争力。

（三）物流"黑大陆"学说

物流"黑大陆"学说是指在物流活动中存在大量未被发现或者未被关注的问题，这些问题像"黑大陆"一样庞大而隐蔽。这个概念最早由中国物流学者李宗涛提出。物流"黑大陆"是指在物流运作中难以被感知的隐藏问题，如货损、误配、信息不透明等。这些问题虽然看似微不足道，但却会在物流运作中产生巨大的影响，从而对企业的生产经营带来损失。因此，解决"黑大陆"问题对于企业来说至关重要，需要采取有效措施加以管理和控制。

（四）物流"第三利润源泉"学说

物流"第三利润源泉"学说是日本早稻田大学西泽修教授于1970年提出的。从社会经济发展的历史来看，曾经有过两个提供大量利润的领域，第一个是自然资源领域，第二个是人力资源领域。自然资源领域起初是通过对廉价原材料，如煤炭、石油、土地、森林等自然资源的掠夺和获得，其后是依靠科技进步、节减能耗、人工合成、回收利用等手段获得高额利润，称之为"第一利润源泉"；人力资源领域起初是通过廉价劳动力，其后是依靠自动化和智能化以降低人工成本、提高劳动效率来增加利润，称之为"第二利润源泉"。

随着自然资源领域和人力资源领域管理的日益完善，这两个领域的利润源泉潜力越来越小，利润增长越来越困难，于是物流领域的潜力开始逐渐被学者和企业所重视。按时间序列，物流领域被称为"第三利润源泉"。

（五）物流战略学说

物流战略学说是指在物流管理中采取长远的、系统的、全局性的战略规划和决策的理论和实践。物流战略学说主要关注如何通过制定合理的物流战略，实现企业物流目标和优化物流成本，提高物流服务水平和客户满意度。其核心思想是将物流作为企业战略管理的重要组成部分，对物流进行全面规划和管理，以增强企业的市场竞争力。

物流战略学说强调物流管理的全面性、系统性和长远性，需要根据企业的战略目标和市场需求，制定符合企业特点的物流战略，考虑物流资源配置、供应链管理、信息技术应用、风险控制等方面的问题，从而实现物流的效率和效益最大化。同时，物流战略学说也要求企业要不断适应市场变化和技术进步，不断优化和升级物流战略，以保持在市场竞争中的优势地位。

三、现代物流的发展趋势

（一）现代物流系统化趋势

传统物流是以商品外包装、运输、装卸、储存为主要内容，而现代物流则是将这些物流活动综合起来，建立了一套完整的物流管理和运营体系。这个体系包括采购物流、生产制造物流、销售物流、回收利用物流等环节，通过信息化和网络化手段，将各个环节联系起来，形成一个有机的整体。这种系统化的物流管理能够提高物流效率和降低物流成本，从而提高企业的竞争力和盈利能力。

（二）现代物流标准化趋势

随着信息技术的发展，物流信息化已经成为全球物流业的发展趋势，从而实现物流的标准化、规范化和自动化。物流信息化的实现可以帮助物流企业优化运营模式，提高管理效率和运作效率，降低物流成本，提升客户满意度，增强企业的竞争力。同时，物流信息化也可以为消费者提供更加便捷、快速和高效的物流服务，提高消费者体验。因此，物流信息化已成为现代物流发展不可或缺的重要方向。

（三）现代物流信息化趋势

物流信息化是家庭信息化不可或缺的一部分。当代物流依靠信息管理系统，使产品和规模经济在国际范围内迅速、方便快捷、清晰地流动。电子数据交换（EDI）技术的广泛应用使得物流信息的交换更加快捷、准确，实现了物流信息的数字化管理。同时，互联网的普及也为物流行业带来了更多机会和挑战。例如，电商平台的崛起和发展，使得物流行业需要更加高效的配送和服务能力，推动了物流技术的创新和提升。此外，物联网、大数据、云计算等新技术的应用也为物流行业带来了更多的可能性，实现物流信息的精细化管理和自动化控制，提高了物流服务的质量和效率。

（四）现代物流自动化趋势

自动化和信息化在物流行业中的应用，提高了物流效率和准确性，减少了人工操作错误和浪费，降低了物流成本，同时也带来了更高的客户满意度和市场竞争力。例如，快递行业的分拣、配送等环节已经实现了自动化，大大提高了快递业务的处理效率和准确性，为客户提供更好的服务。同时，各种智能化设备的应用也在不断推动物流自动化水平的提升，如自动化仓库、无人搬运车、无人机等。这些技术的发展，不仅提高了物流效率，还为物流行业带来更多的发展机遇。

（五）现代物流智能化趋势

智能化物流通过运用人工智能、大数据、物联网等技术，实现对物流过程的自动化、智能化和优化，从而提高物流效率和准确性。例如，利用大数据分析和机器学习算法优化运输路线和配送方案，减少能源消耗和碳排放；利用物联网技术实现对货物的实时跟踪和监控，提高运输安全和货物质量；利用智能仓储系统实现对库存的自动化管理和优化，提高仓储效率和节约成本等。

（六）现代物流网络化趋势

物流网络化的基础是信息化。网络化有以下三层含义。

一是指物流系统网络化。物流要实现合理流动，需要一个由车站、码头、仓库、配送中心、加工中心等物流结点组成的网络。因此，这些物流设施的建设既要符合分散化原则，又要符合集约化原则，才能实现物流效益的最佳化。

二是指信息技术网络化。主要指使物流配送中心与供应商、制造商以及下游顾客之间的联系实现计算机网络化，从而实现信息网络化。网络化提高了信息化的层次，互联网使信息化从一个部门提升到整个企业，Extranet使信息化从一个企业提升到整个供应链，Internet使社会信息化成为可能。借助于信息网络，一体化物流及供应链管理才成为可能。

三是指组织的网络化。主要包括企业内部组织的网络化和企业之间的网络化。随着全球化市场竞争的加剧，为了提高核心竞争力，越来越多的企业把自身经营活动中非核心的业务环节由过去的自制转向外包，经营模式由纵向一体化向横向一体化转变。为了适应这种经营模式转变的需要，企业的组织结构也发生了相应的变化，把原来基于专业化分工的物流组成，按顾客导向进行业务流程的重新设计，建立一个扁平化的、富有弹性的新型组织，同时与供应链相关企业之间建立虚拟化的组织，以适应现代物流的组织网络化趋势。

（七）现代物流柔性化趋势

现代物流柔性化趋势指的是物流服务的个性化和灵活化，以满足不同客户的需求和市场的变化。随着市场竞争的加剧和客户对物流服务质量的要求不断提高，物流企业需要不断调整和优化物流流程、运输路线和服务模式，以适应市场需求的快速变化。柔性化物流服务不仅包括服务内容的个性化，还包括服务方式、服务时间、服务地点等多方面的灵活性。这种趋势的出现，使得物流服务更贴近客户需求，提高了客户满意度，也增加了物流企业的竞争力和市场份额。

（八）现代物流精益化趋势

现代物流精益化趋势指的是通过持续不断地优化和改进物流运作流程，实现物流过程的高效化、协同化、质量化和可持续发展。这一趋势主要体现在以下几个方面。

（1）去除浪费：精益物流强调去除物流过程中的浪费，包括时间浪费、资源浪费和不必要的运输、存储和处理等。

（2）协同化：精益物流将物流活动视为一个整体，通过协同化管理、协调流程和协同决策，实现物流活动的高效运作。

（3）质量化：精益物流重视产品质量和服务质量，通过质量管理体系、过程控制和持续改进，提升物流服务质量。

（4）可持续发展：精益物流注重环境保护和社会责任，通过优化物流过程，减少能源消耗和废弃物产生，实现物流的可持续发展。

精益物流的核心理念是持续改进和不断学习，通过对物流过程的不断优化和升级，实现物流效率的最大化和经济效益的最优化。

（九）现代物流社会化趋势

现代物流社会化趋势指的是物流服务向社会化的方向发展，即物流企业通过合作、联盟等形式拓展业务范围，将物流服务覆盖到更广泛的社会领域中，实现资源共享和协同发展。社会化物流的发展可以促进物流资源的优化配置，提高物流服务的效率和质量，降低物流成本，进一步推动经济的发展和社会的进步。社会化物流的主要特点包括：

（1）合作共赢：物流企业之间通过合作、联盟等形式实现资源共享，形成互惠互利的合作关系。

（2）服务多元化：物流服务不仅局限于货物运输和仓储，还包括物流信息服务、供应链管理等多个方面，实现服务的多元化和专业化。

（3）网络化：物流企业通过建立物流信息平台、物流网络等方式，实现物流信息的共享和物流网络的覆盖。

（4）社会责任：物流企业承担社会责任，积极参与社会公益事业，为社会和环境做出贡献。

现代物流社会化趋势的发展是物流行业向高效、专业、多元化和社会化方向发展的必然趋势，对于提高物流服务水平、推动经济发展和社会进步具有重要的意义。

（十）现代物流国际化趋势

国际化物流已经成为全球经济发展的重要组成部分。随着国际贸易和跨国经营的增加，货物的流动和交换变得更加频繁。国际化物流不仅需要先进的物流技术和设施，还需要全球化的物流网络和有效的协调机制来实现高效、可靠、安全和低成本的货物运输和配送。同时，随着国际电子商务的快速发展，跨境电商物流已经成为国际化物流的一个重要领域。

（十一）绿色物流

绿色物流是指在满足物流需求的同时，尽量减少对环境的影响，实现物流活动的可持续性。它是适应环保、低碳经济的需要，实现经济、社会、环境三方面的可持续发展的重要手段。绿色物流的核心理念是"减量、再生、循环利用"，即在物流活动中尽量减少能源消耗和污染排放，提高资源利用效率，优化物流组织结构，推广绿色包装和运输方式，推动废物回收和再利用，实现物流活动的环保和可持续发展。在实践中，绿色物流的发展可以通过优化运输方式，推广环保型交通工具和绿色能源，减少空气污染和噪声污染；通过建设绿色物流基础设施，如低碳港口、智慧物流园区等，提高物流效率和降低能源消耗；通过推广绿色包装和节能包装材料，减少包装污染和资源浪费；通过推动废物回收和再利用，降低资源消耗和环境污染等措施来实现。

第二节　物联网与物流的关系

一、物联网与物流信息系统

物联网的发展使得物流管理变得更加高效和精细化。通过在物流环节中添加传感器和互联网技术，可以实现对货物、车辆、设备等物流要素的实时监测和追踪，从而优化物流运营效率和管理水平。物联网的应用使得物流过程中的数据更加精确和实时，提高了物流信息化管理的水平，降低了物流成本，提高了服务质量。同时，物联网还可以实现物流过程中的可追溯性，对于保障食品、药品等商品的安全和质量起到了重要作用。

物联网技术的应用为智能化物流的发展提供了重要的支持。物联网通过传感器、智能终端等设备收集物流运输中的数据，然后通过云计算、大数据分析等技术进行数据处理和决策支持，进一步提高物流运作的效率和准确性。在仓储物流方面，物联网技术可以实现自动化的仓库管理和物品追踪，减少人工干预，提高仓储物流的效率和准确性。在派送和运输方面，物联网技术可以实现实时的车辆位置跟踪、路况监测、配送路线规划等，进一步提高运输的效率和准确性。同时，物联网技术还可以为物流安全提供保障，通过实时监测和风险预警，减少货物损失和安全事故的发生。

一般根据物联网的物流分为三层，第一层是感知控制层，是物联网物流系统软件所提供的硬解码。将很多分布传感器连接点构成一个物流数据收集互联网，会获得实时仓储物流信息、派送信息等，便于管理者随时都可以掌握产品的状况。比如，在分销环节中，传感器连接点会传送货品所在自然环境温度、环境湿度、阳光照射、部位、工作压力等信息。RF信号通过无线电设备进行发送和接收。这是无线数据传输的，传感器控制模块承担数据收集和变换。第二层是网络服务器高管，接收、存放与处理来源于感知控制层的信息。例如，当感知控制层统计数据显示有易破碎物件被撞击，管理与服务接到这个数字后应发出声响，并妥善处理。第三层是网络层，针对感知获得的信息，网络层随时都可以载入和运用，同时向服务项目高管发送数据，操纵感知控制层。假如管理与服务允许该要求，它将为感知控制层传出指令。

二、物联网在物流领域的应用分析

物联网技术在特种货物运输领域的应用非常广泛，能够提高特种货物的运输安全性和运输效率。例如，在冷链物流中，通过物联网技术可以实时监测货物的温度、湿度和空气质量等环境指标，确保货物在整个运输过程中的品质和安全。在危险品运输中，物联网技术可以实现对危险品的追踪和监控，以及对运输工具和人员的管理，保障危险品的安全运输。在大件货物运输中，物联网技术可以实现对大件货物的实时监测和跟踪，以及对运输路线和工具的智能选择，提高运输效率和安全性。在集装箱货物运输中，物联网技术可以实现对集装箱的实时监测和跟踪，防止货物丢失或被盗。总之，物联网技术在特种货物运输领域的应用，能够提高货物的安全性、可靠性和效率，降低运营成本。

（一）物流领域应用的物联网技术

物联网技术在物流领域实际应用状况如下：

1. 运输领域常用的物联网感知技术

（1）RFID技术：通过在物流中加装电子标签，实现对货物、运输工具和仓库等信息的实时监测和管理。

（2）GPS技术：通过全球定位系统（GPS）实现对车辆、船舶和飞机等运输工具的实时跟踪和管理。

（3）温度传感器技术：对运输中的冷链、温度控制等情况进行监测，保证货物在合适的温度条件下运输。

（4）振动传感器技术：对运输中的振动、碰撞等情况进行监测，避免货物的损坏或破损。

（5）气象传感器技术：对天气情况进行监测，预测天气变化，保障货物运输安全。

（6）传感器网络技术：通过分布在物流网络中的传感器节点，实现对物流节点的监测和管理，提高物流效率和安全性。

2. 运输领域常用的网络通信与网络技术

（1）无线通信技术：包括GPRS、CDMA、3G、4G、5G等技术，广泛应用于物流追踪和车辆调度等方面，可以实现实时的数据传输和通信。

（2）卫星通信技术：通过卫星实现数据传输和通信，可以在地面通信无法覆盖的区域进行通信，如远洋航行中的海上运输、沙漠等边远地区运输等。

（3）互联网技术：通过互联网实现数据传输和通信，可以实现远程监控和管理，如车辆追踪和调度、仓库管理等。

（4）蓝牙技术：广泛应用于车载终端和手持设备等方面，可以实现设备之间的数据传输和通信。

（5）嵌入式技术：将通信技术集成在设备中，如车载终端、智能仓库等，可以实现设备之间的数据传输和通信。

3. 运输领域常用的智能技术

（1）ERP技术：实现物流信息的共享和集成，提高物流信息的可靠性和实时性，实现物流运作的高效性和自动化管理。

（2）自动控制技术：通过传感器和控制器实现对物流运输车辆、仓库、货物等的实时控制和监测，提高运输安全性和运作效率。

（3）专家系统技术：利用专家系统对物流运作进行分析和决策，实现物流规划和运输优化，提高物流运作的智能化和自动化程度。

（4）数据挖掘技术：对物流数据进行分析和挖掘，发现数据背后的规律和趋势，为物流决策提供支持和依据。

（5）智能调度技术：利用智能算法对物流运输进行调度和优化，提高运输效率和降低成本。

（6）优化运筹技术：通过建立数学模型和算法，对物流运输进行优化和规划，实现最优方案。

（二）物联网技术在物流领域的应用

1. RFID技术在物流领域的应用

RFID技术在物流运输领域的应用是非常广泛的。RFID标签可以实现对物流中物品、运输工具和运输环节的智能识别、位置跟踪和智能监控，从而提高了物流运输的可视化和可控性，降低了管理成本和风险。在物流仓储管理方面，RFID技术可以实现仓库存储物品的精准管理和追踪，减少人工操作和错误，提高仓储效率和安全性。此外，RFID技术还可以在供应链管理、订单处理、库存管理等方面得到应用，对物流运输管理和效率提升起到了重要作用。

2. GPS技术在物流领域的应用

GPS在物流运输领域的应用非常广泛，可以提高运输效率和货物安全，降低成本和风险。除了上述应用，GPS还可以用于货物跟踪和配送管理，提供实时位置信息和预计到达时间，优化货物配送路线和时间，减少空载和拥堵。此外，GPS还可以用于车队管理和调度，实现多车联调和优化调度，提高运输效率和服务质量。

3. 无线传感器网络在物流领域的应用

无线传感器网络是由多个微型传感器节点组成的自组织网络系统，通过无线通信进行信息的收集、处理和传输。它可以广泛应用于货运物流领域，包括输送设备和车辆环境的监控、货物和运输车辆的跟踪监管、危险物品的运输管理以及冷链物流等领域。例如，在冷藏货物的运输过程中，无线传感器网络可以监测车厢内的温度，一旦温度超过或低于预设范围，系统会及时发出警报，以便采取相应的措施，确保货物的质量和安全。

4. 智能机器人在物流领域的应用

智能机器人是物联网智能系统的执行者之一。将机器人纳入物联网系统，利用机器人的自动化性能，实现智能运营管理。目前，我国智能机器人已经广泛应用于汽车物流、烟草物流等领域。目前在运输方面的应用主要在两端的装卸环节，尤其是冷藏货物运输或标准化运输环境。

5. 物联网技术在物流领域的集成应用

智能机器人作为物联网智能系统的执行者之一，能够实现自动化的运营管理。它们已经广泛应用于汽车物流、烟草物流等领域，并且在运输中主要应用于装卸环节，尤其是在冷藏货物运输或标准化运输环境中发挥着重要的作用。例如，在冷链物流中，智能机器人可以通过自身的传感器和智能控制系统，实现对温度、湿度等环境参数的自动感知和控制，确保货物在运输过程中的安全和质量。此外，智能机器人还可以用于自动化的货物搬运、仓储管理等环节，提高物流效率，降低物流成本。

第三节　基于物联网技术下的物流智慧化发展

一、物联网技术的形态

（一）感知与识别技术

在物联网中，感知与识别技术正如其名，能够有效感知和识别物体。从性质上看，无论感知还是识别，均可被归入自动识别技术，简言之，就是通过对相关识别装置的有效应用，通过识别装置接近被识别物品，以自动化方式实现对被识别物品相关信息的有效获取，并将信息提供给计算机处理系统，辅助其完成之后的处理工作。

识别技术能够对所存在的物体本身进行有效识别，不但可对物体的位置进行精准定位，而且能够随时随地了解物体在一定范围内的移动情况。目前，包括红外感应技术、射频识别技术、生物特征识别技术、GPS定位技术等在内的技术类型均属于应用频率较高的识别技术。

感知技术是将各种传感器嵌入物体或物体周围，对物体及其周围环境中存在的各种化学变化和物理变化进行全面感知。

传感器技术所涵盖学科范围广，化学、材料科学、物理学、电子学、通信与网络技术等均属于其所涉及学科内容。传感器属于测量装置，可完成对外界物理量、生物量、化学量以及自然参量的有效探测和感知。

传感器是获取信息的关键装置，物联网就是利用传感器对周围的环境或物体进行监测，以达到对外"感知"的目的。

物联网中的传感器除了要在各种恶劣环境中准确地进行感知外，其低能耗和微小体积也是必然的要求。最近发展很快的微电子机械系统技术（micro-electro-mechanical systems，MEMS）是解决传感器微型化问题的一种关键技术，其发展趋势是将传感器、控制电路、通信接口和电源等部件组成一体化的微型器件系统，从而大幅度地提高系统的自动化、智能化水平。

（二）通信与组网技术

物联网通信和网络技术旨在实现事物之间的连接。信息流需要网络的存在来进行信息收集、信息处理和信息应用。

从实质上看，物联网主要通过某种感知设备，把物体和互联网连接起来，以实现信息的交换、处理、流通。一般情况下，信息的流通分为两种形式：一是单向流通；二是双向流通。前者可以对某地区的污染情况进行全面检测，检测所得的污染信息最终通过网络可传输到信息终端；后者最为典型的例子是智能交通控制，不但能够对当前交通情况进行系统监测，而且能够有效缓解当前交通拥堵压力，形成对城市交通的智能化疏导。网络不仅可以把信息传输到很远的地方，还可以把分散在不同区域的物体连接到一起，形成一个虚拟的智能物体。

从种类上看，物联网除了传统有线、无线网络和长、短距离网络之外，还包括企业专用、公用网络以及局域网和互联网等。当物体进入物联网世界后，可通过不同网络形式将自己与其他事物相联系。比如，在飞机上可以通过有线网络将设置在不同范围内的传感器有效连接，除此之外，还可以以无线网络的形式实现有效联网。目前，这种无线联网方式以手机最为常见。无线传感器网络在组网方式上，同样可以采用无线形式。

无线网络对物联网来说是一个极其特殊的存在，主要体现在无线网络无须精心部署线路，并且在物体移动中具有十分突出的效果。

无线网络技术的类型丰富且具有多样化的特点，可根据距离上的差异，按照广域网、局域网以及城域网等方式进行自由组网。其中，无线技术在近距离背景之下所组成的域网在物联网系统中极具活力。物联网是末梢网络，通信的距离没有十分明确的界限，一般介于几厘米到几百米之间，蓝牙、RFID、Wi-Fi、NFC近场通信等均属于其常用技术，这些技术各有所长，但低速率意味着低功耗，复杂度的降低带来更低的成本。通过与实际相结合，对所需要的内容进行重点选取，无关内容则可以直接舍弃。RFID技术和ZigBee能够在物流领域和智能家居领域彰显自己的优势，并借助这种优势占据核心地位，这在很大程度上与其较低的成本特点相关。

（三）信息处理与服务技术

1. 云计算技术

云计算技术是处理大规模数据的一种技术。存储海量数据的计算机在物联网相关处理技术的作用下，以子程序形式被自动拆分，拆分后的子程序由汇集多个服务器的庞大系统进行收集与整合，通过一系列计算将所得结果以及处理方法直接反馈给用户。在该技术的支持下，海量信息数据可以在数秒内被精确处理。

一般情况下，云计算与物联网相伴而行，但实际上两者并不能相提并论。前者主要是一种采用分布式手法的数据处理技术；后者是依托云计算所提供的分布式数据的处理技术，将自身付诸实践。但从某种角度上看，两者相互影响、相互依存，关系十分密切。首先，物联网的感知层是大量数据的产生源头，因为物联网部署了数量惊人的传感器，如RFID、视频监控等，其采集到的数据量很大。这些数据通过无线传感网、宽带互联网向某些存储和处理设施汇聚，将上述任务转由云计算进行处理，可在一定程度上达到节约成本的目的。其次，物联网在挖掘、分析以及处理数据的过程中对云计算具有强烈的依赖性，在拥有云计算辅助作用的基础上，不但能够提高物联网智能化管理水平，而且能够在一定程度上促使资源利用率和社会生产力水平的双重提升，有助于社会"智慧化"的全面实现。

2. 智能化技术

智能技术旨在将智能技术的研究成果应用于物联网，实现物联网的智能化。物联网的目标是实现一个智能的世界，既能感知和影响世界，又能智能控制世界。物联网可以基于特定的应用和人工智能技术实现智能控制和决策。

人工智能是指通过计算机程序和算法实现智能化的一种技术。它可以帮助计算机理解、推理和解决复杂问题，从而实现像人类一样的智能活动，如语音识别、图像识别、自然语言处理、机器学习等。在实现这些任务的过程中，人工智能系统需要利用大数据、算法和人类专家知识等多种技术手段，不断进行学习和优化，以提高自身的智能水平和性能。

3. 安全与隐私保护技术

作为一种新型系统，物联网主要由虚拟网络与现实世界交互而得，随处可见的数据感知、以无限为基础的信息传输以及智能化的信息处理方式是物联网的主要特点。物联网不同于互联网，在处理信息的过程中需要逐一完成信息感知、信息采集、信息汇聚、信息融合、信息传输、信息决策以及信息控制等，该流程充分展示了物联网与互联网两者之间的差异化。

由于无线信道的开放性，信号容易被截取并破解干扰，加上物联网包含信息感知、信息采集、信息汇聚、信息融合、信息传输、信息处理、信息控制等多个复杂的环节，因此物联网的安全保护更加复杂。一旦物联网的安全得不到保障，就会给物联网的发展带来灾难。物联网也是一把双刃剑，人们在享受到其好处的同时，自己的隐私会由于物联网的安全性不够而泄露，从而严重影响人们的正常生活。物联网能实现对物体信息的监控，如位置信息、状态信息等，而这些信息都与人们自身密切相关。比如，当射频标签被嵌入人们的日常生活用品中时，这个物品可能会不受控制地被扫描、定位和追踪，这就涉及隐私问题，需要利用技术保障人们的安全与隐私。

4. 中间件技术

在后台应用软件和数据感知设施之间的应用系统就是中间件。中间件最为显著的特征有两个：一是可服务于相关系统应用；二是运行时需要与网络操作系统连接。在物联网应用过程中，中间件的主要功能是数据的计算和处理，主要任务是对感知系统采集到的各类数据进行精准捕获、有效过滤、详细计算、数据校对、灵活调节、传送数据、存储数据和任务管理等。需要注意的是，在感知系统向应用系统进行数据量传送过程中，应适当减少其传送数量。除此之外，中间件还具有一定的交互功能，这种交互性主要针对各种支撑软件系统。

二、智慧物流与供应链

智慧物流是智慧供应链的重要一环，其以大数据及互联网为基石，可以实现对供应链物流的科学管理和精细化运营。智慧物流的发展已蔚然成风，而物流作为供应链的重要环节，未来智慧物流向智慧供应链的延伸也必然成为一大趋势。通过智慧物流的技术，对信息流、物流、资金流进行一体化运作，连接产业的上下游，实现供应链智能化管理。

（一）智慧物流助推供应链升级

智慧物流的发展不仅提高了物流效率，还可以降低物流成本，减少能源消耗和污染排放，提高物流的安全性和可靠性，为现代物流的可持续发展打下了坚实基础。同时，智慧物流的应用也带来了一系列新的挑战和问题，如数据安全、隐私保护、技术标准、法律法规等方面的问题需要进一步研究和解决。因此，智慧物流的发展需要政府、企业、学界和社会各方共同合作，加强技术研究和应用推广，促进物流行业的升级和转型。

智慧物流的高速发展不但提升了供应链效率，还增添了额外增加值。智慧物流有关技术发展为供应链的融合打下基础，并推动了智能化供应链的转型。公司凭着接近客户的优点，利用智慧物流推动互联网技术进入供应链上中下游，用户需求逐步推进供应链各个环节加强联动和紧密结合，有利于加快产生协作共享智慧供应链。如电商企业通过挖掘预测用户需求、消费习惯以及用户喜好，以此指导供应链上游的选品、制造、定价、库存以及下游的销售、促销、仓储、物流和配送，打造智慧高效供应链。

（二）推进智慧供应链发展

现阶段，与一些西方国家对比，国内企业供应链管理能力比较低。生产企业普遍存在生产能力不足、产品质量不可靠、生产工艺落后等问题。这些问题直接影响了供应链的运营效率和整体质量。供应链高效融洽进一步降低中国实体经济成本费、完成公共资源收益最大化层面成效明显。

智慧物流通过大数据和物联网等手段将供应链上的各环节联结成一个

整体，可以对各区域内物流相关信息进行采集与传递，为生产、销售企业及物流企业等的信息系统提供基础物流信息，实现供应链智慧化管理与协同。目前在各行业中，物流企业贯穿供应链上下游，向供应链服务转型有先天优势。鼓励具有平台基础和信息化优势的物流企业加快服务链延伸，提供供应链增值服务，率先向智慧供应链服务商转型。目前，部分物流企业已经开始布局供应链建设。

实施智慧供应链管理是降本增效的最佳选择，物流业与实体产业的融合将从单纯以第三方物流替代自营物流、利用第三方资源整合的网络化优势优化原有物流，到第三方物流延伸拓展至整个供应链，实现物流成本达10%~20%的节约。所以，推进智慧供应链管理是大势所趋，对提高中国制造业的成本、降低物流总成本至关重要。

三、智慧物流与大数据

智慧物流以信息科技为基础，在物流的运输、仓储物流、外包装、装卸搬运、派送、数据服务等各个环节不断提升自动化水准。在互联网技术的高速发展条件下，智慧物流已经成为一种一致的向往，而大数据有关的理论是智慧物流的基础。和传统物流对比，智慧物流在高效率、成本费、安全与客户体验方面具有极大优点，并从源头上改变了传统物流运营模式。

（一）大数据是构建智慧物流的基础

大数据时代的到来，使得云计算、大数据技术加速向物流业渗透，慢慢累计大量物流大数据，涉及运输、仓储物流、装卸搬运、外包装及物流包装等物流重要环节里的数据信息。将物流供求双方、货物流通数据以及第三方物流公司的数据进行有效整合，就可以形成一个巨大的即时信息平台，从而实现快速、高效、经济的物流。此外，人与物流设备之间、设备与设备之间在大数据技术的支持下可以实现更为紧密的结合，最终形成一个功能强大的智慧物流系统，实现物流作业与物流管理的自动化与智能化。可以说，大数据技术是构建智慧物流的基础。通过大数据分析可以提高运输与配送效率、减少物流成本，从而更有效地满足客户服务要求。

（二）大数据技术下智慧物流功能需求

1. 数据传输与共享

大数据技术支持下的智慧物流，首先要解决的就是企业物流信息畅通的问题，所以特别需要实现企业的供货方、采购方、物流企业和政府工商部门等的信息交换和共享，将他们的各类数据平台，如信息、商品发布及运输监控系统中的数据整合在一起。其中最大的难题之一，就是要解决不同部门不同平台数据异构的问题。

2. 物流信息实时管理

在卫星定位技术、大数据技术、物联网技术的大力支持下，智能运输调度、货物跟踪、货运物流安防监控等服务将真正实现：依靠物联网技术即时收集车辆和货品数据信息，随后通过网络上传到智能化物流管理软件服务提供商，最终利用技术实现车辆提升调度和货品自动跟踪解决；对货运车辆开展实时监控系统，能够进一步提高被监管车辆的安全性能，确保货运安全性。

3. 数据收集与分析

云服务平台的信息分析技术能够依据概率统计实体模型和数据挖掘算法对即时收集的物流信息进行分析，深入挖掘有利于管理决策的信息，如物流数据分析、最好配送路径分析、物流经济趋势预测分析等。

（三）大数据在智慧物流中的应用

大数据技术的应用不仅能提高物流企业的运营效率和管理水平，还可以为其他领域带来巨大的经济和社会效益。例如，通过大数据技术，可以实现供应链的可追溯性，提高产品质量和安全性，满足消费者对产品质量和安全的需求；还可以对交通流量、城市空气质量等方面进行监测和预测，帮助城市规划和交通管理部门优化城市交通流量和减少交通拥堵；此外，大数据技术还可以为医疗健康领域提供决策支持，如个性化医疗、药物研发等方面。因此，大数据技术的应用前景十分广阔，对于推动经济社会发展和提升人民生活质量具有重要意义。典型场景包括以下几种。

1. 数据共享

通过建立统一的数据平台和数据标准，不仅可以实现供应链上下游各方的数据共享，还可以避免信息的重复采集和处理，提高信息处理的效率和准确性，同时也可以消除物流企业之间的信息孤岛，提高物流服务的水平和效率。这也是物流信息化发展的必要趋势之一。

2. 销售预测

大数据预测分析可以帮助企业预测未来销售趋势，提前进行备货和制定运营策略，从而提高销售效率和效益。此外，大数据还可以通过分析消费者的购买行为和偏好，为商家提供更加个性化和精准的推荐和营销服务，提高客户满意度和忠诚度。

3. 网络规划

通过模型分析和模拟，可以确定最佳的物流网络布局和方案，使得物流企业可以最大限度地降低成本、提高效率，提供更好的物流服务。例如，通过大数据分析，可以确定最优的仓库位置和规模，以最小的成本满足客户需求；可以优化运输路线，提高运输效率和降低成本；可以调整配送策略，提高配送覆盖率和效率。

4. 库存部署

通过对历史数据和销售预测数据的分析，可以对库存需求进行精准预测和控制，避免库存积压或缺货现象的发生，提高库存周转率和现货率，降低库存成本，优化整个供应链的运营效率。同时，科学的库存管理也可以提高物流服务的满意度，增强客户忠诚度，提高企业的市场竞争力。

5. 行业洞察

大数据技术可以对不同行业、不同环节的物流运作进行挖掘分析，总结出最佳解决方案，这对于物流企业的发展非常有价值。通过对历史数据的分析，可以发现不同行业、不同环节的物流运作中的共性和差异性，为制定有针对性的解决方案提供依据。同时，利用大数据技术，可以对物流网络进行优化，提高物流效率和服务质量，降低物流成本，提高企业的竞争力。

四、智慧物流与协同创新

智慧物流都是基于大量、精确的数据信息，结合智能设备和全方位的开放绿色生态，搭建高效率的物流自然环境和平台，完成开放创新与协同创新性的智慧物流业态创新。智慧物流的关键在于"协同共享"，这也是当代智慧物流区别于传统式物流的关键所在，展现出无限的创新动力。协同共享理念克服了传统物流在各个环节脱节不协调的问题，通过整合市场需求、资源供给、仓储、运输、配送及信息传递，联系供应链上下游，打破了传统物流企业的边界，深化了物流各部分的分工与合作，实现了物流效率和物流成本的最优化。

（一）物流信息共享助力协同创新

智慧物流信息平台通过汇集全社会各处物流信息，为建设物流协同服务奠定信息化基础。可以从以下四个方面进行有机整合。

1. 整合政府部门涉及的物流信息，提高政府全面监管能力

整合政府部门涉及的物流信息，可以提高政府对物流业的全面监管能力。政府可以通过监测整个物流过程中的数据，及时发现和解决物流过程中存在的问题，优化整个物流系统，提高物流效率和服务质量。同时，政府还可以通过对物流数据的分析和应用，为物流企业提供更准确、更有针对性的政策和指导意见，促进物流业的健康发展。

2. 整合重点物流行业

整合重点物流行业的信息资源，包括物流企业、运输企业、货代企业、仓储企业等，提高物流产业的透明度和效率。通过智慧物流信息平台，可以实现对物流企业的实时监测、预警和管控，促进行业规范化、标准化和可持续发展。同时，还可以通过大数据分析，优化物流供应链，提高物流效率和服务质量。

3. 整合物流全过程

企业在智慧物流信息平台上开展基于供应链集成的物流服务，紧密整合

物流各环节，实现货物的智能化管理，进一步提高物流服务的智能化水平。

4.整合其他物流信息平台资源

整合其他物流信息平台资源，可以实现更广泛、更深入的数据共享和交互，加快物流数据的流通和传输，提高物流信息的质量和效率。例如，与电商平台、供应链金融平台、物流企业信息平台等进行整合，共同推进物流业务的数字化、智能化、网络化和可视化，提升整个物流业的服务水平和竞争力。

（二）"互联网+"高效物流助力协同创新

1."互联网+"高效运输

"互联网+"高效运输是一个综合性的概念，涵盖了物流服务全流程的数字化、智能化、自动化等方面，将大大提升物流运输的效率和服务质量。

2."互联网+"智能仓储

"互联网+"智能仓储是指利用物联网、大数据、云计算、人工智能等先进技术手段，对仓储物流过程进行智能化改造和升级。通过实时监测、信息共享、智能分析等方式，提升仓储物流效率和质量，降低成本，提高客户满意度。

3."互联网+"便捷配送

"互联网+"便捷配送是指借助互联网技术，实现快递、同城配送等物流环节的智能化、信息化和网络化，以提高物流服务质量和效率。通过"互联网+"便捷配送，可以实现物流信息的全面共享和透明化，提高物流服务质量和效率，让消费者享受更加便捷、高效的物流服务。

4."互联网+"智能终端

"互联网+"智能终端是指在物流末端，即商品交付给消费者的最后一公里，通过互联网技术提高末端物流服务的智能化和便利化水平。比如，在物流配送过程中，使用智能快递柜、智能快递箱等设备，为消费者提供自助取件、随时随地寄存和取出包裹的服务。此外，利用物联网技术和移动终端，实现快递员、消费者、商家之间的实时信息互动和配送进度跟踪，提高配送效率和服务质量。

（三）企业战略联盟与跨界合作助力协同创新

物流行业应是一个充分共享的行业，一旦实现互联互通，可以使社会物流总成本大大降低。随着技术和资本的推动，智慧物流产业集群正在逐渐形成。要推动物流企业更好地拥抱互联网，构建智慧物流生态体系，可以从以下几个方面入手。

（1）推动物流企业数字化转型，加强信息化建设，提高物流服务水平和效率。

（2）加强行业标准化建设，促进信息互通、协同合作，打通物流产业链，实现产业链共享。

（3）推广新技术应用，如物联网、大数据、人工智能等，实现智能化、自动化、精益化物流运营。

（4）推动物流企业之间的合作，实现资源共享，优化物流服务，提高整体效率。

（5）加强政策支持，推进智慧物流产业的发展，营造良好的产业环境。

通过以上措施，可以推动物流企业更好地拥抱互联网，构建智慧物流生态体系，形成"协同共享"的产业新生态。

四、智慧物流与运输组织

在成本和效率方面，智慧物流对作为重要环节的运输提出了更高的要求。为适应智慧物流的需要，必须进一步发展创新运输基础设施建设、运输组织管理模式、货运服务方式、企业组织形态和政府管理等。同时要加快转变物流服务与运输组织相分裂的传统思维，将运输组织管理深入物流各环节，进一步优化运输组织管理，不断创新运输组织方式，全面提升物流运输服务效率，助力智慧物流发展。

影响物流成本的关键因素包括运输过程的合理性、服务体系的便捷性和有效性等。围绕这些决定性因素，必须考虑基础设施的配置、运输方式的组合、流程节点的简化、体制机制的灵活、商业模式的支持等。这其实就是建立一体化物流服务体系的过程。

（一）运输组织改革制约因素

1. 既得利益阻碍改革

一些既有的运输企业和从业人员利益受到改革的威胁，因此可能会反对改革。

2. 缺乏完善的法律法规

在一些国家和地区，缺乏完善的法律法规框架来支持运输组织改革，导致改革进展缓慢。

3. 技术和设施落后

运输组织改革需要依靠现代技术和设施支持，但是在一些地区，技术和设施相对落后，难以支持改革的顺利进行。

4. 人员素质和管理水平不高

在一些地区，运输从业人员的素质和管理水平相对较低，这也会影响运输组织改革的推进。

5. 资金和投资不足

运输组织改革需要大量的资金和投资支持，但是在一些地区，资金和投资不足，难以支持改革的推进。

（二）运输组织管理创新

1. 优化运输组织模式

以市场为导向，因地制宜，引导运输企业加快组织、经营、运力结构的调整，创新发展多式联运、甩挂运输、无车承运、"三车组合"等先进货运组织方式和运输组织模式，扩大有效供给，促进货运物流业"降本增效"，真正实现货畅其流。

2. 发展定制化服务的运输新模式

探索差别化和多样化的组织模式，积极推动专业配送模式，促进物流企业转型升级。物流企业可以依托当地产业优势，积极发展农业、工业、商贸服务业等专业化物流组织鼓励发展即时配送、冷链配送、城乡一体化配送等专业运输配送模式，满足用户对物流多样化、专业化的服务需求。

3. 构建城乡运输服务体系

构建城乡运输服务体系是推进城乡物流一体化发展的重要举措，具体措施包括以下几种。

（1）完善城乡运输基础设施。加强城乡公路、铁路、水运等交通设施建设，完善城乡道路网、桥梁、港口、码头、仓储等设施，提高城乡运输网络的覆盖率和运输效率。

（2）推广城乡运输新模式。在传统的物流模式基础上，发展新型城乡运输模式，如"定时、定点、定线"农村货运班线、城乡物流服务站、物流配送中心等，为城乡居民提供更加便捷的物流服务。

（3）强化城乡运输管理。建立健全城乡物流市场监管机制，规范城乡运输市场秩序，提高运输安全和服务质量。

（4）提升城乡运输服务水平。加强人才培养和技术创新，提升城乡运输从业人员的专业水平和服务能力，推广物流信息化、智能化技术，提高物流服务水平和效率。

通过构建城乡运输服务体系，可以促进城乡物流资源共享、业务合作和信息共享，提高城乡物流效率，推动城乡经济互补发展。

4. 发展多种运输方式衔接模式

加强不同运输组织方式间的融合发展。如要加强公路与铁路、航空、水运等其他运输方式的融合、衔接，建立健全各种运输方式信息资源共享机制，实现公铁、公航、公水等多式联运，满足对物流运输"无缝隙衔接"的服务需求，建设优势互补、共同发展的综合交通运输网络，有效降低运输成本。

5. 加强新技术与物流的深度融合

充分利用大数据、人工智能等现代信息化技术，积极推动互联网与物流运输组织的融合创新发展。充分发挥"互联网+"在货物运输转型升级中的引领作用，积极打造货运物流服务平台，加快物流信息资源跨运输方式、跨部门、跨区域的信息互联共享，全面提升货运物流服务品质，破解货运物流实载率低、运输成本高的难题。

五、智慧物流与人工智能

人工智能将会对物流行业的高速发展产生一系列深刻的影响。假如说互联网发展打造了地球村，那么人工智能的高速发展便照耀着智慧地球村。党的十八大以来，党中央和国务院将人工智能确立为国家发展战略，中国人工智能迅猛发展。作为新一轮产业革命和科技革命的关键推动力，人工智能已经释放出超出历年来科技革命极大的动能，在货运行业迅速催生出一大批新品、新服务、业态创新。在人工智能的创新驱动发展下，全自动货物分拣系统软件、智能化配送机器人、无人机、无人仓等技术正引起物流行业新一轮智能化转型。将来物流行业之间的竞争将是人工智能行业之间的竞争，智慧物流2.0时期正全方位开启。

（一）人工智能对物流行业的主要影响

1. 提高物流效率

人工智能可以通过数据分析和智能算法，优化物流网络和运输方案，提高物流效率和服务质量，降低物流成本。

2. 优化仓储管理

人工智能可以帮助仓储企业实现智能化管理，包括仓库布局、库存管理、货物分拣和配送等环节，从而提高仓储效率和准确性。

3. 实现物流自动化

人工智能技术的应用可以帮助实现物流自动化，包括自动化拣选、装载、运输和送货等环节，减少人力成本，提高效率。

4. 改善客户体验

人工智能可以通过分析客户数据，了解客户需求，提供更精准的物流服务，从而改善客户体验，提升客户满意度。

5. 推动物流业态升级

人工智能技术的应用可以促进物流业态升级，推动物流服务向智能化、网络化和数字化方向发展，从而提高整个物流产业的竞争力和创新能力。

（二）人工智能在物流行业的具体应用

随着科技的发展和进步，物流行业也在不断地探索和应用新的技术和设备，以提高效率、降低成本和优化服务。货物跟踪精准定位技术可以实现货物实时追踪和监控，提高运输安全性和效率；射频识别技术可以实现货物自动识别和管理，提高库存管理效率；敏捷制造可以实现快速响应市场需求，提高订单处理效率；可视化技术可以实现物流信息可视化和实时共享，提高物流服务质量和效率；自动化技术可以实现自动化作业和流程控制，提高生产效率和降低成本；移动通信服务和定位服务可以实现移动办公和实时调度，提高工作效率和服务质量。这些技术和设备的应用不仅可以提高物流行业的竞争力和创新力，也可以为行业的智能化和可持续发展提供支持和帮助。下面简单介绍了几种货运物流常用的智能化机器设备。

1. 无人仓

自动化立体仓库，是当前无人仓技术水平较高的形式。自动化立体仓库是指采用自动化技术和设备，实现对货物存储、拣选、配送等方面的全自动化管理和控制的仓库。它的主体结构由货架、巷道式堆垛起重机以及操作系统组成，利用电子信息技术和计算机技术对货物进行管理和控制，实现对存货、取货、装箱等作业过程的自动化控制。这种立体仓库可以高效利用空间，提高货物存储密度，提高存储效率和出库效率，大大减少人力投入，降低物流成本，实现智能化管理。

2. 穿梭车

穿梭车是一种在物流行业中广泛应用的智能机器人，其具有高效、准确、可靠等特点，可以自动化地完成货物运输、放置等任务。通过计算机控制，穿梭车可以在仓库内进行自主运动，并能够与其他穿梭车进行通信，实现货物的自动化分拣、运输和存储。除了穿梭车，智慧物流机器人、自动化仓储管理系统等新技术也得到了广泛应用，可以帮助企业提高物流效率、降低成本、提升服务质量，是物流行业智能化发展的重要方向。

3.配送机器人

配送机器人每次可运送10～20个包裹，可根据目的地自动生成合理的配送路线，在行进途中避让车辆，减速通过缓冲带，绕开障碍物，到达设定停靠点后就会向用户发送短信提醒通知收货，用户则可通过验证或者人脸识别开箱取货。配送机器人还处于发展过程中，需要发展创新智能感知、智能控制、目标识别、避开障碍和自动导航等方面的技术。

4.无人机快递

通过利用无线电遥控设备或者自备的程序操纵无人机低空飞行运送包裹，其主要的优点是可以解决偏远地区的配送问题，提高运送效率并减少物流成本，但也会有受恶劣天气无法运送的情况，同时也无法保证运输过程中不受到人为破坏，目前还未大规模投入使用。

（三）物流行业拥抱人工智能

人工智能将有效地提升物流行业的效率，已是无可争辩的事实。智慧物流即将高速发展，不仅取决于下游市场的需求，更是智慧物流技术上的挑战，只有不断进行技术革新，才能真正推动智慧物流的发展与普及，从而帮助用户解决问题。人工智能技术的应用需要专业的技术人才和足够的资金支持，对于传统物流企业而言确实是一大挑战。因此，这些企业需要加强人才培养和引进，同时积极拓展和整合产业链资源，建立合作伙伴关系，推动智慧物流技术的应用和发展。此外，政府也可以加大对人工智能产业的支持力度，鼓励企业进行技术创新和应用探索，从而推动整个物流行业的智能化进程。

从总体上看，人工智能解决的是如何在物流流程、操作和管理上实现精益和高效的管理问题。未来智慧物流会从自动化向智能化发展，将有更多物流企业实现全面、准确的数据采集和分析应用，帮助客户提高效率，降低物流成本，并实现整体优化。

第二章　基于物联网的物流信息平台构架

第一节　物流信息平台建设

一、SOA

（一）SOA架构

服务请求者、服务提供者、服务注册中心是SOA架构中的三种角色，其概念如下。

1. 服务请求者

服务请求者是一个软件模块，或者是这个软件模块中的一个进程服务，也可以是单独的服务流程，用以完成服务的查询启用。一旦发现满足条件的、可获得的服务，服务请求者将绑定到服务提供者，并调用实际的服务功能。

2. 服务提供者

服务提供者即服务是一种云计算模式，通过互联网向客户提供服务。在这种模式下，服务提供者不仅提供服务，同时也将服务部署在云环境中，使客户可以在云端灵活地使用服务。服务提供者负责实现和部署服务，客户只需通过互联网访问服务，无须关注服务的具体实现和部署细节。

服务提供者可以是企业、个人或是其他组织，他们通过云平台提供各种服务，如软件开发、数据分析、网络安全等。客户可以按需使用这些服务，并根据自己的需求灵活地调整服务的规模和性能。服务提供者在云平

31

台中发布服务，提供标准化的接口和API，使得客户可以方便地访问和使用服务。

服务提供者需要具备一定的技术和专业知识，能够将服务部署在云环境中，并保证服务的高可用性和安全性。同时，他们还需要提供完善的管理和监控系统，以便客户对服务进行管理和监控。随着云计算的普及和发展，服务提供者越来越多，服务也越来越丰富和多样化。

3. 服务注册中心

服务注册中心是一个服务中介公司，服务提供者在服务注册中心申请注册服务，服务注册中心统一存储服务信息内容，服务请求者在服务注册中心搜索和发现所需要的服务。

服务提供者负责实现并封装独立的服务实体，发布到服务注册中心供外界调用，并利用服务描述语言描述其功能、接口和参数信息；服务注册中心负责注册发布的服务，并提供服务的查找、发现；服务请求者通过服务注册中心按需查询服务描述信息，绑定服务，并根据接口参数信息完成服务调用。

SOA体系架构的三种基本操作分别为发布、发现、绑定。在SOA结构中，每个实体都扮演着不同的角色，有的扮演一种，有的扮演多种。服务请求者先发送自己的服务请求，然后在服务注册中心找到符合要求的服务描述，再按照相应的服务描述绑定相应的信息，与服务提供者建立绑定关系，从而调用相应的服务。

（1）发布

只有服务提供者将服务信息发布到服务注册中心之后，服务请求者才能调用该信息。其中，网络位置、传输协议以及参数格式都是服务信息以及所有与该服务交互必须具备的信息。

（2）发现

服务请求者定位服务，方法是查询服务注册中心，发现满足标准的服务。

（3）绑定

在检索到服务描述后，服务请求者继续根据服务描述中的信息来调用服务。

（二）SOA架构的实现技术

SOA是一种标准化、松耦合、粗粒度服务架构。当前常用的实现SOA架构的技术包括CORBA、DCOM、RMI和JINI，下面具体加以介绍。

1. CORBA

CORBA（common object request broker architecture，公共对象请求代理体系结构、通用对象请求代理体系结构）是由OMG机构制定的一种面向对象编程应用软件管理体系标准。开发运用组件务必遵照标准，以确保软件组件的互用。仅有遵照统一的标准，不同厂家、不同阶段、不同设计理念、不同计算机语言、不同电脑操作系统、不同平台中的软件或软件构件才可以进行交流合作。根据CORBA对象请求代理ORB为远程服务器／网络服务器开发带来了消息中间件的格式。

2. DCOM

DCOM（microsoft distributed component object model，分布式组件对象模型）是由微软公司推出的对象组件模型，由一系列微软的概念和程序接口构成。利用这些接口，客户端程序对象能够请求来自网络中另一台计算机上的服务器程序对象。DCOM支持局域网、广域网和Internet上两台不同机器组件间的通信。通过DCOM应用程序能够任意进行空间分布。与CORBA不同，DCOM只能基于微软 Windows平台。

3. RMI

RMI（remote method invocation，远程方法调用）是Java的一组拥护开发分布式应用程序的API。RMI使用Java语言接口定义了远程对象，它集合了Java序列化和Java远程方法协议（java remote method protocol）。J2EE是分布式程序平台，它以RMI机制实现程序组件在不同操作系统之间的通信。比如，一个EJB可以通过RMI调用Web上另一台机器上的EJB远程方法。

4. JINI

JINI（java intelligent network infrastructure，Java智能网络基础设施）是一套分布式计算系统，以Java为核心，通过一个简易的"即插即用"模型使硬件或是软件配置进行随意改变，快速配置一个分布式的计算环境。

（三）SOA的特点与优势

1. SOA的特点

SOA具有以下几个特点。

（1）支持企业外部访问

一些业务伙伴能够像企业内部用户一样，同时访问企业账户。业务伙伴使用B2B协议进行合作，或者是访问以Web服务方式提供的企业服务。如果业务伙伴想要进行业务信息交换，就能以参与会话的方式实现。会话也分很多类型，主要根据业务伙伴之间信息交换的内容决定。

（2）随时可用

服务使用者请求服务时，SOA必须响应。大部分的SOA都能够为企业门户之类的网站或者是B2B之类的异步运用提供相应的服务。

因为许多运用被部署在前台接待，终端用户尤其容易受服务提供者紧缺产生的影响。为了能回应更多客户要求，同步运用利用分布式系统服务提供者。可是，因为特殊服务作用及其服务器数量提高，很有可能出现紧缺的情况。

异步运用使用的是序列要求设计方案，用起来更加平稳，在使用过程中，允许发生服务提供者紧缺或者延迟的情况。一般情况下异步运用是部署在平台上的，所以消费者难以发觉短时间的紧缺。在大部分情况下，异步运用可以解决短时间的紧缺，但如果是长时间紧缺就会产生棘手的问题。倘若服务发生紧缺，可能会导致序列外溢的情况，将服务锁住。

一般情况下，服务使用人是根据自己的理解和用户习惯来给予同步服务的。但是，不是全部情况都可以选用异步程序设计模式，在许多情况下，异步消息可以确保系统软件在不一样负载中的弹性，尤其是在插口响应时间不是太短的情况下。

（3）粗粒度服务接口

粗粒度服务不同于细粒度服务，下面的例子说明了两者的区别：如果有计费系统，在计费系统中添加一个客户，这是一个粗粒度的服务；将客户名称输入计费系统后，添加客户的联系方式和计费信息是一项细粒度的服务。

粗粒度服务接口的优点是用户和服务层不需要多次交互，只需要一次。在互联网环境下，有保证的TCP/IP会话不再占主导地位，其连接成本过高。因此，在这种环境下开发应用时，粗粒度服务接口的优势更加明显。

交互效率在服务接口中很重要，但事务稳定性同样重要。在一个简单的事务中包含多个细粒度的请求可能会使事务花费太长时间，导致后台服务超时，然后终止。然而，从事务的角度来看，获得反馈的唯一方法是向后台服务发送对大数据块的粗粒度请求。

（4）分级

粗粒度服务主要用于解决专业化的业务问题，通用性差，复用性的设计难度大。关于粗粒度服务有一个争议，就是粗粒度服务比细粒度服务复用性差。要解决这个争议，方法之一是使用不同的粗粒度级别来创建服务。这种服务分类既包括复用性高的细粒度服务，也包括复用性差的粗粒度服务。

在建立服务时，应该明确服务的分类，包括公共服务和私有服务。公共服务一般是由后端系统或SOA平台中现有的本地服务组成，这些服务被设计为可重用和共享的。而私有服务则是特定于某个应用程序或业务流程的服务，只能被特定的应用程序或业务流程访问和使用。

正确的文档和配置管理对于服务分类和服务使用的正确性非常重要，特别是在大型企业和复杂的IT环境中，这尤其重要。服务管理平台的使用也能够帮助IT部门管理和监控服务的使用情况，包括公共服务和私有服务。这些都是确保IT系统和服务的高可用性和可靠性的重要措施。

（5）松散耦合

消息传递是松散耦合的关键，因为它将服务实现细节与服务接口分离，使得服务可以独立变更，而不会对服务消费者产生任何影响。在基于消息的Web服务中，消息可以使用不同的传输协议来发送，例如，HTTP、

JMS等，这使得Web服务能够适应不同的场景和要求。此外，Web服务通常是文档驱动的，因此消息中包含的信息可以非常清晰地表达服务请求和响应，从而提高了服务的互操作性。

（6）标准化接口

Web服务的应用功能可以通过标准化的接口提供，这意味着客户端应用程序无须了解服务的实现细节，就可以调用这些服务，从而实现系统之间的互操作性。标准化的接口可以基于标准化的传输方法（如HTTP）、标准化的协议（如SOAP）等来调用Web服务。XML格式的使用进一步提高了Web服务的互操作性，因为XML是一种通用的数据表示格式，门户开发人员可以使用XML格式在应用程序之间轻松地进行数据交换，而无须理解特定的数据表示格式。

2. SOA的优势

上面介绍了SOA的一些基本特点，下面将对SOA的一些优势进行介绍。

（1）编码灵活性

编码灵活性是指可以通过模块化的底层服务，使用不同的组合方式来创建高层服务，并进行重用。这种灵活性使得开发人员可以更容易地适应不同的需求和变化，通过修改和替换底层服务，实现对高层服务的升级和扩展。同时，由于服务使用者通常不直接访问服务提供者，因此服务实现方式可以灵活应用。这种编码灵活性也为企业提供了更好的可扩展性和可维护性。

（2）明确了开发人员角色

SOA明确了开发人员在系统开发中的角色和职责。在SOA中，开发人员的主要职责是开发可重用的服务。通过定义良好的服务接口和清晰的服务描述文档，开发人员可以实现在各种系统中复用服务，提高开发效率和系统可靠性。此外，开发人员还需要负责编写服务实现代码，并将其部署到服务容器中，以供其他应用程序使用。通过将开发人员的职责限定在服务开发和部署方面，SOA能够有效提高系统开发的效率和可维护性。

（3）支持多种客户类型

在精确定义服务接口的帮助下，能够支持多种客户类型，如PDA、手机等新型访问渠道。

（4）更好的伸缩性

伸缩性是指能够通过添加或删除服务实例来应对需求的变化，从而满足不同的业务需求。SOA的服务可以按需启动或停止，而不会对整个系统产生太大的影响。这种伸缩性也使得SOA可以更好地应对系统的负载变化，从而提高系统的性能和可靠性。例如，在高峰期，可以动态地增加服务器的数量来处理更多的请求，而在低谷期则可以减少服务器的数量以节省成本。这种伸缩性也使得SOA更易于在不同的部署环境中运行，例如，本地、云端或混合部署等。

（5）更高的可用性

SOA提供了更高的可用性，因为它将业务逻辑分解为可重用的服务组件，这些组件可以独立地开发、部署、管理和更新。当一个服务组件出现故障时，其他组件不受影响，系统可以通过调用备用组件来保持可用性。此外，SOA也支持分布式部署，可以将服务部署在不同的服务器上，从而提高系统的可用性和可靠性。最终，SOA可以更好地应对不断变化的业务需求和技术需求，从而保持系统的可用性和稳定性。

二、Web Service

（一）Web Service架构

Web Service架构的主要目的是实现不同软件系统之间的互操作性，使得这些系统能够相互通信和交互，从而实现共享数据、资源和服务。Web Service架构提供了一种标准的方法来描述和组织应用程序功能，使得这些功能能够被其他应用程序访问和调用。同时，它还提供了一些标准协议和接口，用于在分布式环境中进行消息传递、服务调用和数据交换，从而实现不同平台和语言之间的互操作性。Web Service架构的典型技术包括XML、SOAP、WSDL和UDDI等。任何Web Service架构都包括以下基本活动。

（1）发布服务：服务提供者主要是将发布的服务描述给服务注册中心，以便服务用户查找，从而实现调用。发布的信息包括与服务交互所需的所有内容。

（2）搜索服务：服务请求者可以直接搜索服务描述，也可以在服务注册中心搜索所需的服务。

（3）绑定服务：在绑定操作期间，服务请求者根据服务描述中的绑定细节来定位服务。服务请求者一旦找到合适的服务，就会根据服务描述中的信息，在运行时直接激活服务。

这些活动涉及以下五个基本概念。

（1）服务：服务是一个软件模块，独立于技术业务接口，部署在服务提供商提供的平台上，可以通过网络访问。

（2）服务提供者：它是一个能够通过网络访问的实体，可以将自己的服务和服务描述发布到服务注册中心，它是服务的创建者和拥有者，可以方便服务请求者定位，根据用户需求的改变从而取消服务。

（3）服务请求者：从服务注册表中找到所需的服务，并向服务提供者发送消息以开始执行服务。它可以是被请求的应用、服务或其他类型的软件模块，其可以发现提供所需服务的WSDL文档并与该服务通信。

（4）服务注册中心：服务注册中心主要是供服务提供者发布自己的服务描述，然后服务请求者在这里寻找合适的服务并绑定相关的信息。

（5）服务描述：服务描述的本质是将服务内容标准化，从而提供服务内容、绑定服务地址等，生成相应的文档，发布给服务请求者或者是服务注册中心。

（二）Web Service实现需要的协议规范

Web Service实现需要的协议规范包括以下几种。

（1）SOAP（simple object access protocol）：是一种基于XML的通信协议，用于在Web Service之间交换信息。

（2）WSDL（web services description language）：是一种XML格式的语言，用于描述Web Service的接口、参数、返回值等信息。

（3）UDDI（universal description discovery and integration）：是一种用于描述和发现Web Service的XML格式的语言和协议。

（4）ML（extensible markup language）：是一种用于表示数据的标记语言，用于在Web Service之间交换信息。

（5）HTTP（hypertext transfer protocol）：是一种用于传输Web Service请求和响应的协议，通常基于HTTP或HTTPS。

（三）Web Service的特征

Web Service得以建立的技术基础是Web技术。该技术以XML为主，且具备优良的开放性。下面介绍Web Service的主要特征。

1. 跨平台性

Web Service利用XML技术描述服务并封装信息，因此不同的平台并不影响Web服务的正常使用，即能够实现跨平台集成应用。

2. 封装性良好

Web Service具有良好的封装性，用户只需通过使用Web Service提供的接口来调用相关的功能，无须了解其具体实现细节，从而提高了系统的安全性和可靠性。同时，Web Service也支持标准化的协议和接口，使得不同平台的应用程序能够无缝地进行通信，增强了系统的互操作性。

3. 松耦合性

Web Service的松耦合性主要体现在，只要Wed Service的调用接口不变，Wed Service实现的任何变更对调用者来说都是透明的。

4. 基于开放的标准

开放标准技术是Web Service的重要特点之一，也是它被广泛应用的原因之一。这些标准协议使得不同平台、不同语言的软件系统能够通过互联网实现通信和交互，从而实现了不同系统之间的互操作性和集成性。其中，XML技术提供了一种通用的数据表示和交换方式，SOAP技术定义了一种通用的消息传输协议，UDDI技术则提供了一种统一的服务注册和发现机制。这些协议规范的使用，使得Web Service实现具有更好的互操作性、可扩展性、可维护性和安全性。

5.高可复用性

由于Web Service采用了标准化的接口和协议，其服务组件可以被松散耦合地设计和开发，使得其易于与其他平台和技术进行集成和交互。这也使得Web Service具有高度的可复用性，开发人员可以通过重复使用已有的Web Service组件来快速开发新的应用程序，并且这些组件可以跨越不同的应用程序和平台进行复用。这使得Web Service成了一种非常灵活、易于扩展和维护的技术。

三、中间件技术

中间件技术具备高度专业化、开发效率高的特点，也是软件技术未来发展的一个趋势。该技术有利于变革传统的生产方式和部署方式，促进生产方式由个别生产变革为建立在构件基础上的标准化分工协作，使软件生产的效率得到大幅度提高，同时质量也得到了保障，中间件实际上是软件构件化的一种表现形式，利用该技术将典型的应用模式抽象出来后，应用软件制造商能够在标准中间件的基础上实行二次开发，这是一种对软件构件化进行具体实现的操作方式。由此可知，中间件可以称为分布式计算机系统中将各个组成软件进行集成的软件黏结剂。

（一）中间件的分类

中间件不仅是一个实际的软件产品，还包含了一组标准或技术。一般来说，中间件产品可以从不同的角度进行分类。可根据功能的不同将中间件细分为以下几类：通信处理中间件、事务处理中间件、数据存取中间件、分布式对象中间件、安全中间件、网络服务中间件、专用平台中间件等。

（二）中间件技术的关键特性

中间件技术的关键特性有：异构性，可以屏蔽软件平台和硬件平台；

构造出具有可伸缩性的分布式系统；将一定程度的分布式透明地提供给最终用户；改善应用系统的服务质量；提高系统的可用性；提高系统的可靠性；增强系统的性能；提高系统的可维护性；提高用户的友好性。

中间件的优势已经在众多的IT应用中得到了体现。对于企业用户而言，不断扩充已有应用以及不断增多的新应用，促使系统软件或工具软件更新。当企业面对不同硬件平台、网络环境、数据库之间的互操作，数据加密，多种应用模式并存，开发周期过长，系统效率过低，传输不可靠等各种复杂问题时，亟须新技术支撑。中间件技术为用户提供了一种简洁、方便的工具，便于企业轻松便捷地完成计算系统的开发、部署与管理。因此，中间件已经在信息技术应用中发挥出无可替代、承上启下的作用。

物联网环境下的物流信息平台是一种基于分布式处理的软件应用，因此中间件在应用终端和服务器端发挥了重要的作用，并扮演了RFID硬件和应用程序之间的中端桥梁功能，从而成为物联网应用解决方案的中枢。基于物联网的物流信息平台中所需要应用的中间件技术主要包括企业集成应用中间件（EAI）、无线应用中间件（RFID）、自适应中间件和嵌入式中间件等。其中，RFID中间件是企业进行物联网物流信息平台建设的基础，是必不可少的平台架构关键技术。

第二节　物流联合体信息平台架构

一、物联网环境下的物流联合体协作模式

物联网技术在应急物流方面的应用已经逐渐成为趋势。通过物联网技术，可以实现对物品在物流运输、仓储和交付等全流程的实时监控和追踪，从而提高物流运营效率和物流安全性。此外，物联网技术还可以实现对供应链中各个环节进行数据采集和分析，优化物流供应链管理。

应急物流参与企业是联合体中的重要组成部分，他们可以提供物流设备和资源，执行物流任务，负责运输物资，协助指挥中心开展物流工作。应急物流协调指挥中心是联合体的另一个核心组成部分，负责制订应急物流计划、协调各方资源、监控物流运行情况，及时调整应急物流工作。政府应急物资储存仓库负责存储政府应急物资，配合应急物流工作。应急物资配送点是指配送物资的最终站点，需要与其他组成部分紧密配合。街道和社区组织则是负责协调本地区应急物流工作的组织，负责接收、分配和配送物资。民间公益组织则可以提供志愿者力量和社会资源，为应急物流工作提供协助和支持。应急物流管理中心不仅负责应急物流中的财务、情报、物资和应急预案的编制和演练管理，还负责灾害发生时整个应急物流活动的组织、管理、指挥和协调，以及上下级、同质部门和相关职能部门之间的协调。

一般情况下，应急物流协调指挥中心是在灾害发生时或者平时应急演练时设立的。其成员包括政府相关职能部门的工作人员、应急物流相关企业的业务主管、领域专家等。该中心负责指挥和协调整个应急物流任务。

街道和社区组织在应急物流联合体中扮演着重要的角色，它们负责组织居民进行应急物资的采购和配送，协助应急物资的分发和反馈，同时协助应急物流管理中心开展宣传和培训工作，提高居民的应急意识和能力。民间公益组织也可以作为应急物流的参与者之一，负责提供志愿者力量和物资支持，为应急物流工作提供必要的支持和保障。

应急物流联合体在平时状态下主要由应急物流管理中心和应急物流参与企业两个层次组成，主要是为了预防和应对突发事件。而在灾难状态下，应急物流联合体需要根据具体的灾害情况，迅速追加应急物流协调指挥中心、应急物资发放点等机构，以协调、组织、指挥和实施应急物流行动，提高应急物流系统的应急响应能力。

综合信息平台的建设对于应急物流联合体的高效协同具有至关重要的作用。综合信息平台可以实现应急物流联合体各成员之间的信息共享、业务协同和数据交换等功能，提高应急响应效率和准确性。通过综合信息平台，应急物流联合体可以实现对物流环节的实时监控、追溯和分析，从而更好地掌握物流信息和优化应急物流运作。此外，综合信息平台还可以提供数据挖掘和预测分析等功能，为应急物流联合体提供更全面、准确的决策支持。

二、物联网环境下的应急物流联合体信息平台架构

（一）应急物流管理中心信息平台

应急物流管理中心信息平台应当具备强大的智能决策支持能力，实时采集、传输和处理海量数据，并在应用层实现政府物资储备仓库管理、应急物资投放点管理、联合体参与企业信息管理、综合指挥调度管理、应急资金管理、应急物资管理、情报信息管理、公共信息平台、应急预案编制和演练管理等功能模块。数据层提供数据源，方便决策支持层和应用层进行决策。同时，应急物流协调指挥中心也应列入应急物流管理中心服务平台，为紧急管理中心组织协调提供支持。

（二）应急物流参与组织信息平台

应急物流参与机构主要包含政府部门应急物资贮备库房、应急物资的生产和销售企业、单一从业仓储物流或运送功能性物流行业、作用完善的大中型第三方物流公司等。行业企业原有信息管理系统的仓储物流、派送、清算等服务通常无法适应城市应急物流的特别要求，也无法与应急物流管理中心实时互动信息内容。在这种情况下，应急物流管理中心提供了一系列通用系统，以帮助成员选用相应的通用系统搭建自己的应急物流专用信息平台，从而更好地完成在应急物流活动中承担的任务。这些通用系统包括RFID处理系统、专项物资调拨系统、专项资金结算系统以及基于物联网技术的仓储管理系统、配送车辆终端系统、物品回收管理系统、综合指挥终端系统等。平台预留了统一接口以便于和联合体成员原有信息系统互通数据。

这里以通用模块中的仓库管理系统为例。该系统适用于政府应急物

资仓储仓库、仓储企业仓库、生产销售企业仓库、第三方物流企业仓库。在仓库中使用该系统之前，应首先构建一系列相应的物联网设备，如识别仓库位置、托盘和材料的RFID标签、分布在不同位置的RFID天线、RFID阅读器和数据终端、叉车和车道堆垛机的车载天线以及车载计算机。仓库管理系统主要包括人力仓库管理、在库管理、配送管理和出库管理等功能模块。

仓储管理模块的工作流程是：首先，发货方（包括应急物流管理中心）会在物资发货前将仓储物资信息和运输车辆信息发送到仓储管理系统。仓库管理系统收到信息后，会选择适合货物大小和类型的仓库，分配货物的仓储面积和存放位置，并将仓库位置信息发送到运输车辆的终端系统，引导运输车辆到达目标仓库的卸货区。车辆到达正确区域后，仓库会使用RFID阅读器获取车辆和货物的RFID标签信息，并与之前应急物流管理中心或相关发货人发送的信息进行核对。如果有任何错误，系统会自动报警。核实后，仓库信息和到达时间将被写入物料的RFID标签，并自动输入仓库数据库。之后系统会结合商品标签中的当前日期和保质期对商品进行检查，遇到过期或即将过期的商品会提示报警。最终验收成功的货物将会被叉车运送并堆放到指定位置，并将货物库区和储位信息写入RFID标签。这些功能的实现离不开叉车中带有的RFID读写器和车载电脑。

在库管理模块工作流程如下：首先，仓库中的货物信息能被实时获取，当货物临近保存期或是某一类物件库存数量比较低时，系统将自动升级物资供应并提醒备货；次之，因为RFID标签上面有物件的容积信息，因而有利于测算相对应储位内物品容积，从而可分辨储位的可用空间，进而给新进库货物位置储放提供参考。

配货管理功能的工作内容如下所示：派送物资时，应急物流管理处会通告相关库房开展配货，货物的名字、总数、承运车子、终点信息等都能被录入写卡器。依据货物的名字，配货管理功能能够精准定位货物储放部位，接着仓管员会相互配合运送工作人员将货物搬出储位。当然，这当中离不开携带式RFID写卡器的帮助。运送结束后，管理人员会把货物离开储位的时间、承运车子及其终点等信息增加到货物RFID标签中。最后货物进到物流分拣系统，依据货物RFID标签里的承运车子信息和终点信息，分拣系统会对货物进行筛选，并把快递分拣开始与结束时间增加在标签中。出库管理控制模块可以通过RFID标签核查配货信息及其车子真实身份，如果出现不一致状况会声光报警，假如配对取得成功，出入库时间能被附加到货物标签中。

（三）应急物资发放点信息平台

作为应急物流的尾端连接点，紧急物资发放点不仅接受、临时存储、发放、回收利用紧急物资及管理充裕物资和特殊废料，还得搜集应急物流尾端情报、汇报物资要求信息、公布物资信息、指引与融洽紧急物资发放。

紧急物资发放点信息平台的架构是非常重要的，其主要功能是在应急情况下提供实时、精准、有效的物资发放服务。其中，网络层和数据访问层是其重要的组成部分。

网络层的程序模块主要包括物资接受管理、物资存放管理、物资发放管理、物资要求管理、充裕物资管理、特殊废料管理、发放指引融洽、工作人员机器设备管理、无线通信网络、情报收集与信息公布等。这些功能模块可以提供实时的物资管理、发放、指引、通信等服务，让紧急物资发放变得更加高效、安全、方便。

数据访问层则包含紧急物资尾端发放应急预案库外部数据库系统。这些外部数据库系统可以提供更加全面、准确的物资数据信息，帮助管理人员进行快速决策。同时，这些数据库系统还可以与其他数据源进行整合，提供更加多样化的数据服务，为物资发放提供更加精准的支持。

除此之外，紧急物资发放点信息平台还需要具备与街道机构、公益团体的信息设备或通信终端互动的能力。这样可以实现与其他组织的信息交流和协作，增强物资发放的协同效应。同时，对于无线通信网络和移动通信技术设备的应用，也可以使紧急物资发放变得更加便捷和快速。

第三节　平台应用标准及规范

一、物流信息分类与编码标准

物流信息平台就是在物联网的基础上形成的，物品编码标准是其中必不可少的要素，制定相关物流信息分类与编码标准能够更好地实现其功能。物流信息分类与编码标准的研究可以从基于条形码应用的编码标准和EPC系统编码标准进行展开。物流企业应在国际通用标准和国内物品编码标准化体系的指导下，结合物流信息的特点，制定物流企业内部关键的基础性标准，统一企业内部物流信息编码标准。

物流仓储单元编码标准、运输单元编码标准、货物包装单元编码标准、贸易单元编码标准、载运工具编码标准等都是需要重点进行研究的标准。物流信息分类与编码标准应该与传统的物流信息标准相结合，在既有的商品资料标准代码、危险品等级代码、车型标准代码和地域资料代码等基础上进行制定，以实现物流信息标准化的统一。

二、物流信息采集技术标准

物流信息采集技术标准主要应用在物流信息感知层，感知层是建立在物联网的物流信息技术体系之上的。具体来说，企业会统一规范平台的采集技术手段和设备，这是通过制定相应的采集技术标准实现的。制定此类标准必须以物联网采集设备和技术提供商的生产标准为依据，同时结合物流企业的基础设施环境、物流货物的技术特性、信息采集的实际要求以及数据传输技术标准等。

三、平台数据交换技术标准

提炼出一个基础的元数据（meta data）标准作为物联网数据交换的核心是物联网平台数据交换技术标准的研究方向。当然，此标准在制定的过程中可以使用XML作为数据交换标准，因为XML语言用来标记数据、自定义数据类型，是一种允许用户对自己的标记语言进行定义的源语言。物流行业应用的数据交换技术标准可以使用元数据标准进行扩展，可以利用企业以及相关研究机构数据交换的特点制定适用于物联网物流信息平台的数据交换技术标准。其标准主要应用于物联网架构中的应用层，再利用网络层的数据传输，结合物流信息平台现有的标准，就可以搭建新的平台数据交换技术标准。

第四节　物流信息云平台

一、物流信息云平台数据处理和传输技术

（一）云存储技术

1. 数据存储技术

数据存储技术主要是指管理文件存储、读取、修改的一系列技术，主要是为了以文件系统的形式实现分布式环境下的数据存储，同时兼顾高效可靠的性能需求。

云计算的文件系统和数据处理方法是目前云计算中比较主流的数据存储技术。云计算的文件系统和数据处理方法为数据存储提供了一套较为成熟的解决方案，其中包括设置用于提供客户端接口并记录存储到数据节点中的数据路径目录节点和连接所述目录节点，用于存储数据的数据节点。

目录节点生成数据存储列表，并将数据和所述数据存储列表发送到数据存储列表中的第一数据节点；当前数据节点接收数据，并在接收到预定大小的数据块后，将接收到的数据块及所述数据存储列表发送到下一数据节点；直至获得预定数量的冗余存储份数。该方法通过目录节点对数据进行存储、读取、修改，并通过冗余存储保证数据的可靠性和存储的高效性。

2. 存储管理技术

云存储系统中的海量数据分布在服务器中，海量数据的访问以及检索是存储管理技术的关键。必须提高存储管理技术才能使其更好地为物流信息交换服务。

云存储管理系统负责存储系统的存储、访问、检索以及动态扩展管理，通过动态地增加或减少存储服务器来维护备份数据。同时监控存储服务器的负载情况，并及时进行数据的复制、备份、分区、恢复等安全管理，控制用户的读写权限来保障服务器的安全。

目前主流的计算构架云存储系统由存储服务器、监控服务器以及主服务器组成。主服务器主要用于管理存储服务器以及监控服务器，并对其进行管理。监控服务器主要负责监控各个存储服务器的状态，并实时在主服务器上更新索引状态。存储服务器实现与终端连接，进行实时的数据更新以及存储。存储服务器还连接主服务器，并把信息报文发送到主服务器中，主服务器记录更新记录。用户可以在不经过主服务器的条件下就能访问存储服务器，这样不仅提高了数据访问的效率，又防止了主服务器效率降低的可能性。

3. 网络传输技术

存储服务器之间的数据传输采用NFS／CIF数据传输协议，该协议优缺点明显，优点是在异构平台间的数据可以无障碍传输，缺点是传输效率低。如果想提高效率，可以使用基于iSCSI协议的架构平台，可以大大提高集群环境下的效率；也可以采用高速光纤通道，这会使数据传输效率得到大幅度的提高。

（二）分布式缓存技术

分布式缓存系统包括如下关键技术，以保证缓存的高可靠性、一致性以及高吞吐、低延时的访问服务。

1. 数据存储策略

数据存储策略是缓存系统的关键技术。安全以及效率是处理存储的两个重要指标。基于安全性，可选择采用HDD硬盘，而那些经常访问的关键数据，可以保存在速度较快的固态硬盘上。根据数据的不同类型，完成分层分配，可以轻松地对各种类型的数据和存储系统进行内部管理。另外，对象存储是可用的最新存储类型之一。对象存储有些类似于文件存储，只不过其不会像NAS系统那样，受到文件系统的限制。

2. 数据一致性

数据一致性分为多副本数据一致性和分布式事务数据一致性，两者的差别在于，多副本下不同节点之间的数据内容是一样的，而分布式事务下不同节点之间的数据内容是不一样的。数据多副本通过副本之间同步复制或者异步复制的方式达到数据一致，也可以在主从备份机制下适当增加分布式缓存策略，利用不同数据的访问频率和负载特点来保证数据一致性。

3. 负载均衡

负载均衡是指把用户访问的流量，通过均衡器，根据某种策略，均匀地分发到后端主服务器或者存储服务器上，后端的服务器可以独立地响应和处理请求，从而实现分散负载的效果。这样既可以保证缓存节点均匀地负载缓存数据，也避免缓存服务器的宕机导致大量缓存数据丢失。可以通过基于硬件负载均衡或者基于软件负载均衡制定策略来实现负载均衡。软件的负载均衡可以通过请求的来源IP进行hash计算，然后对应到一个服务器上。之后所有来自这个IP的请求都由同一台服务器处理。如果需要达到更为均匀的负载分布，可以采用虚拟节点的思想，将hash环状结构上的节点作为虚拟节点，分配若干个虚拟节点对应一个物理节点，这样就能更好地实现缓存数据的均匀分布。

4. 故障检测及服务器控制

需要对分布式缓存集群中各个服务器的状态进行实时监控，以保证缓存数据的可靠性和及时性。现有的技术主要提供了一种分布式缓存控制方法，这种方法支持多种数据访问协议，并能够灵活控制分布式缓存。这是由于该方法可以根据缓存服务器的状态信息灵活切换所使用的缓存服务器。

（三）消息中间件技术

1. 高级消息队列技术

为了提供可靠的数据传输，消息中间件技术使用队列的方式进行消息管理，数据按照用户自定义的尺寸，被拆分成若干的消息放入消息队列，消息中间件以同步或异步的方式进行消息的发送和接收。为了进一步保证数据传输的可靠性，消息中间件还提供附加技术。例如，消息优先级、内存队列、断点续传、流量控制、可靠消息队列等。

使用消息中间件可以把系统扩展到不同平台以及不同的数据系统中，并在它们之间建立逻辑通道，由消息中间件实现消息发送。当遇到高并发的情况时，如果将用户请求的数据直接存储到数据库中，将会给数据库带来巨大的压力，如果并发访问量大到超过系统的承载能力，在这种情况下，可以先使用消息队列将短时间高并发的请求持久化，然后逐步处理，从而削平高峰期的并发流量，改善系统的性能。

消息中间件传输消息使用标准的IP包封装，从而能够提供跨平台的数据通信和信息交换。消息中间件通过提供非常丰富的API，为几乎每种平台都提供相应的接口，因此各种主流平台都可以找到相应的接口，从而完成跨平台的数据通信和消息交换。

2. 异步通信机制

分布式环境的对象调用往往需要涉及大量的网络传输，这样的同步调用会带来大量消息阻塞。相比于传统的分布式对象调用，消息中间件通过消息队列实现异步通信机制，大大提高了通信效率，从而提高了平台的数据处理效率。

3. 远程过程调用通信机制

RPC（远程过程调用）是专门用于进程间远程调用的通信方式。远程过程调用通信需要发送方和接收方分别设立两个专门用于远程过程调用通信的队列。客户端发送请求给异步消息队列，接收端接收到一个请求，完成请求的计算并将结果返回给客户端指定的异步回收队列。之后客户端在回收队列接收到反馈消息，检测反馈消息的关联号。如果关联号与请求的关联号相符，则客户端接收该反馈消息，否则客户端将忽略该消息。

4. 分布式环境下的进程间通信

在云存储以及云计算的环境中，单个服务应用可能分布在不同的物理机上运行，如何实现高效的进程间通信成为较为迫切的需求。经过相应的扩展，消息中间件不仅可以实现分布式环境中应用间的同、异步通信，还可以实现分布式环境下的进程间通信，从而更加高效地完成分布式环境下的信息交换。

二、应急物流信息云平台安全技术

（一）云平台的安全风险

1. 云安全技术风险

（1）虚拟化层面风险

虚拟化技术是云计算的核心技术，通过虚拟化技术可以衍生出更多的虚拟操作系统，以满足多租户、高利用率以及资源共享的特性。要想提高各层面（如基础设施、平台、软件等）为多租户提供云服务的能力，可以利用虚拟化技术的可扩展性，但虚拟化技术也存在一定的安全隐患。具体来说，如果物理主机遭到破坏，那么其管理的客户端服务器也有可能被攻克，这是因为虚拟服务器与物理主机存在交流；若物理主机和虚拟机不交流，则虚拟机逃逸的现象可能会发生；如果物理主机上的虚拟网络被破坏，则虚拟机也会受到损害，这是由于物理主机和虚拟机进行交流时，一台虚拟机可以监控另一台虚拟机。

（2）数据加密存储和内存擦除技术风险

云计算环境中数据的加密搜索，可以通过加密技术实现隐私保护，但在实现中仍然存在一些挑战。

第一个挑战是如何支持模糊搜索。传统的基于关键字的搜索只支持精确匹配，对输入内容的格式要求严格，容错性较差，而现实中用户往往会输入不完整或拼写错误的关键字，因此需要支持模糊搜索。解决这个问题的主要方法是使用模糊匹配算法，如通配符、编辑距离等。

第二个挑战是如何支持搜索结果的排序。传统的加密搜索无法对搜索结果进行排序，而对搜索结果进行排序可以提高搜索效率，使得用户更快地获取所需信息。解决这个问题的主要方法是使用排序算法，如TF-IDF、PageRank等。

第三个挑战是如何支持多关键字搜索。传统的加密搜索只支持单个关键字搜索，而现实中用户往往需要输入多个关键字进行搜索，因此需要支持多关键字搜索。解决这个问题的主要方法是使用布尔查询算法，如AND、OR等。

内存擦除技术是指云服务器在不关机的情况下，租户的机器在关闭之后，其内存上的内容是否会被擦除，如果被擦除会不会有数据残余留在内存上，这种残留数据是否能够恢复出完整的数据信息，造成隐私的泄露问题，所以云服务商应该对所释放的空间完全地清除后再给其他用户。

2. 云安全管理风险

（1）企业风险管理

企业风险管理在决定是否使用云计算方案时至关重要。云计算服务带来的机会和风险是需要仔细权衡的。在决策之前，企业应该进行风险评估，确定使用云计算所面临的风险和如何管理这些风险。这包括了数据安全风险、服务中断风险、合规性风险等。同时，企业还应该考虑到云计算所带来的好处，比如降低成本、提高效率和灵活性等。在综合考虑利弊之后，企业才能做出明智的决策，选择最适合自己的云计算方案。

（2）安全审查

用户需要对服务提供商的供应链进行仔细评估，因为这是保障云计算安全的一个关键环节。用户还应该对服务提供商的自身第三方管理措施进行审查，以确保服务提供商也在采取足够的措施来保护用户的数据安全。除此之外，用户还应该对自身的安全措施进行评估和加强，以确保在使用云计算服务时，自身的数据和系统也能得到充分的保护。

3. 云计算法律风险

随着数字化的快速发展，越来越多的国家制定了相关的法律、政策和法规，以保护个人数据的隐私和信息系统的安全。例如，欧盟已经颁布了通用数据保护条例（GDPR），而美国则有《个人隐私保护法案》（PPA）、《网络安全法》等。这些法律、政策和法规的出台，使得企业必须在遵守相关法律的前提下，谨慎处理和管理用户数据，加强信息安全保护。这种法律规定数据库的控制人根据经济合作与发展组织的个人隐私和安全实施意见，以及其亚太经济合作组织的个人隐私架构选用有效的专业技术、物理学和管控措施来预防个人数据遭到遗失、乱用或者伪造。

（二）云安全架构

1. 用户层

（1）身份认证

Web浏览器是一个典型的客户端应用程序，可以用来访问Web网页、Web应用程序、云服务（SaaS）或者Web 2.0服务。它使用SSL／TLS协议进行安全身份验证，因此基于浏览器的云身份验证攻击直接影响云应用程序的安全。攻击者可以获得其他用户的XML标记（在浏览器中的身份验证相关凭证），并访问受害者的页面。

解决方案：可以通过XML签名和XML加密增强浏览器的安全性。然而，XML签名包装攻击使攻击者能够改变签名数据包的内容而不使签名失效。

（2）不安全的接口和API

确保云计算服务商提供的接口和API的安全是非常重要的，因为它们可能成为攻击者的突破口，从而进一步入侵系统或服务。为了确保接口和

API的安全，可以考虑以下措施。

加强身份验证和访问控制：为接口和API实施基于令牌的身份验证和访问控制，确保只有经过身份验证的用户才能访问它们。例如，使用OAuth 2.0或OpenID Connect等标准协议来实现身份验证和访问控制。

实施加密：对于敏感数据，应该使用加密保护它们，以防止中间人攻击或数据泄漏。例如，使用TLS（transport layer security，安全传输层协议）协议来对网络通信进行加密。

实施审计：记录接口和API的使用情况和访问日志，并及时检测和报告异常行为。例如，使用日志分析和监控工具来检测和报告异常行为。

安全测试：在开发过程中实施安全测试，包括静态代码分析和动态渗透测试，以确保接口和API的安全性。在运行过程中，也要进行渗透测试和漏洞扫描，及时发现和修复漏洞。

（3）服务可用性

对于云计算服务商来说，加强安全考虑和实施是至关重要的，需要从多个层面来保障服务的安全性。在设计和开发阶段就要考虑安全性，并在整个生命周期中进行持续的安全测试和监测。此外，要加强用户认证、授权和访问控制等方面的安全措施，建立完善的安全监管和应急响应机制。同时，也要提高用户的安全意识，教育用户如何使用云计算服务，避免恶意使用和不当行为。

（4）数据泄露

云计算为企业和用户带来便捷的同时，也造成了数据泄露。不可否认，该问题普遍存在于云计算中，公共"云"中尤其如此。评估云计算提供商对数据的保护能力是组织的管理层和IT决策人必须仔细评估的问题。

为了解决以上问题，可以试着采用下列可行防范措施：从产品到运转的过程中，对数据库的传送、处理存放等各个环节提升数据加密和核查能力。界定优良、组织化恰当的密钥生成、存放、管理与销毁对策至关重要。在协议中明文规定云提供商的数据库备份、修复、销毁等环节的信息安全操纵。

2. 云服务提供层

（1）安全问题

①云服务的安全性

将越来越多的系统迁移到云架构上促使越来越多的大型企业开始对云计算进行尝试，公共云计算更是备受青睐，然而其带来的不良影响是，很多不良网络用户开始非法攻击大型公共云服务供应商，如大量数据被窃取。

②云服务的可靠性

除了云计算服务的安全性之外，云计算服务的可靠性也备受关注，这是因为有很多与企业日常运作有关的应用和服务被迁移到了云环境中。可靠性问题与云服务的两个因素有着密不可分的关系，一个是云服务的复杂性，另一个是云服务的架构。目前，且不说几乎不存在完善的公共云架构，更进一步地，在设计可移植到云环境的企业服务和应用程序时、在企业追求最佳体验的过程中，云架构的可靠性还可能进一步降低。

（2）身份识别和访问控制的安全技术

①IAM（identity and access management，身份识别与访问管理）

通俗地讲，IAM是一种为自然人提供服务的模式和平台，具体的服务内容包括为用户管理数字身份并进行认证以及审计身份信息，使用IAM的自然人可以在恰当的时间内访问已被授权的信息资产。通过标准与规范化的IAM平台，相关机构能够有效进行用户访问管理。

②CA认证

云服务的快捷、便利、开放性是其快速发展的根本，但"云"的应用不能以泄密为代价，安全由此成为云应用的迫切需求。确保云服务安全的根基在于云入口的身份管理，在身份管理领域，CA电子证书安全认证系统是较可靠的管理方式。通过CA系统建立"身份可信任机制"将是"云安全"实现的关键点之一。

（3）信任的安全技术

信任问题是云计算中的一个关键问题。由于用户缺乏对资源的控制，因此在使用云服务时，他们必须依赖信任机制和带有补偿规定的合同。信任是一个非常模糊的概念，并且在异构环境下，信任程度很难被准确计算。服务承包商可能在用户不知情的情况下进行二次分包，用户对网络和系统所拥有的有限可见性是信任的主要来源。信任问题可以通过向用户提供对检测系统具有足够多的观察权限进行解决。

3.云虚拟层

（1）虚拟机安全

云基础设施中的虚拟机需要依靠物理机进行运行，而虚拟机监督程序则对其运行进行监督，因此可以说，虚拟机监督程序在物理机上享有最高权限，虚拟机监督程序的安全性必须得到充分保证。

（2）虚拟机镜像安全

云中共享虚拟机镜像带来了安全风险。镜像的拥有者担心的是镜像的保密性，如是否未经授权的访问。镜像的使用者关心的是镜像的安全性，如镜像中是否有病毒破坏或窃取使用者的个人信息。

4.物理资源层

物理资源层主要的安全问题有网络协议的漏洞、访问控制、后门漏洞攻击、会话劫持和明文传输等。为了解决网络层的这些安全问题，云提供商将它们的应用程序放在了防火墙之后。然而，防火墙只能保障网络边界的安全性，而不能保障网络内部的安全性。所以，可以使用NIDS（network intrusion detection system，网络入侵检测系统）解决这个问题，并且要将NIDS设置为检测内部、外部入侵的工作模式。同时，对加密流量的攻击，NIDS也应该能够进行检测。

第三章　基于物联网的运输配送管理

第一节　运输配送管理信息系统分析

运输配送管理信息系统是现代物流管理的重要组成部分之一，其目的是通过信息化手段对物流运输配送过程进行全面、精细的管理，提高物流效率和质量，降低物流成本，以满足现代企业高效、低成本、高质量的物流管理需求。接下来将从理论和功能两个方面对运输配送管理信息系统进行深入探讨。

一、运输配送管理信息系统理论

（一）物流管理信息系统的定义和特点

运输配送管理信息系统是指运用计算机技术、通信技术、物流管理技术和数据采集技术等手段，将物流运输配送过程中的各种信息进行收集、加工、传输和管理，以实现对物流运输配送过程的全面、精细、及时地监控和管理。

其主要特点包括以下几个方面。

（1）全面性：物流运输配送过程中所涉及的各个环节和信息都可以被系统收集和管理，实现对物流过程的全面管理。

（2）精细性：系统可以对物流运输配送过程进行详细的监控和管理，包括运输路线、运输时间、车辆状态、货物状态等，以实现物流过程的精细管理。

（3）实时性：系统可以及时获取并反馈运输过程中的各种信息，以保证物流过程的实时监控和管理。

（4）集成性：系统可以与企业内部的其他信息系统进行集成，实现数据的共享和交流，提高运输配送管理效率。

（5）便捷性：系统操作简便，操作人员可以通过计算机、手机等终端进行实时监控和管理，方便快捷。

（二）运输配送管理信息系统的技术支持

（1）计算机技术：包括软件和硬件两个方面。软件主要是指物流运输配送管理系统的开发和应用软件，硬件则是指计算机、服务器、网络设备等硬件设施。

（2）通信技术：包括有线和无线两种方式。有线通信主要是指局域网和广域网等网络，无线通信则是指GPRS、CDMA、TD-SCDMA、WLAN、蓝牙等无线通信技术。

（3）自动识别技术：主要包括条形码、二维码、RFID等技术，用于对货物信息进行自动识别和采集。

（4）位置服务技术：主要包括GPS和北斗卫星定位技术，用于对车辆、货物的位置进行定位和追踪。

（5）云计算技术：将运输配送管理信息系统运行在云端，提供各种管理功能和数据分析服务，方便用户进行远程管理和决策，实现信息化、智能化管理。

（6）大数据分析：将运输配送管理信息系统中的各类数据进行收集、分析和处理，从中提取有价值的信息和知识，为用户提供决策支持和指导。

（7）智能化技术：通过使用人工智能、机器学习、自然语言处理等技术，对系统中的数据进行自动化处理和分析，提高系统的智能化水平，减少人工干预，提高效率和精度。

（8）无线通信技术：采用无线通信技术实现设备间的联网和信息传输，方便远程监控和管理。

（9）GIS技术：地理信息系统（GIS）可以将地理信息和运输配送管理信息进行结合，以地图为基础，实现空间数据的可视化和分析，提高运输配送管理的精度和可靠性。

（10）安全技术：为了保障运输过程的安全性，运输配送管理信息系统需要具备安全技术，如数据加密、防火墙、入侵检测等技术，保护数据的安全和完整性。

二、运输配送管理信息系统功能

（一）订单管理

订单管理是指通过系统对运输订单进行有效管理和跟踪，包括订单的下达、确认、调度和执行等环节。订单管理功能可以帮助企业规范订单处理流程，提高订单处理效率和准确性，提高企业的客户满意度。

具体来说，运输配送管理信息系统的订单管理功能包括以下方面。

1. 订单下达

客户可以通过系统下达订单，包括货物种类、数量、运输方式、起止地点等信息。系统将自动产生订单编号和订单状态，并将订单信息传递给企业后台处理。

2. 订单确认

企业后台收到订单后，需要进行审核和确认。系统可以自动识别订单中的重要信息，例如，货物种类、数量、起止地点等，辅助审核人员进行审核和确认。一旦订单确认通过，系统会将订单状态更新，并通知客户订单已确认。

3. 订单调度

系统会根据订单信息自动进行调度，包括车辆和司机的安排。系统可以根据车辆类型、容量、运输距离等信息进行智能匹配，确保运输效率和安全。

4. 订单执行

系统可以监控订单的执行情况，包括货物的装卸和运输等。如果订单有异常情况，例如，货物损坏、车辆故障等，系统会自动发送预警信息，并通知相关责任人进行处理。

5. 订单跟踪

客户可以通过系统实时查看订单的状态和位置，包括订单确认时间、发货时间、到货时间等。系统可以通过地图等方式显示车辆的实时位置和行驶路线，方便客户进行订单跟踪。

6. 订单统计分析

系统可以对订单数据进行统计和分析，例如，订单量、订单完成率、订单时效等。通过数据分析，企业可以发现问题和优化订单管理流程，提高企业的运输效率和客户满意度。

（二）运输计划管理

运输计划管理是运输配送管理信息系统的核心功能之一，旨在制订合理的运输计划，优化运输过程，提高运输效率和降低成本。运输计划管理包括以下方面。

1. 运输需求预测

通过对市场需求、客户需求、产品销售情况等数据的分析，对未来运输需求进行预测。根据需求预测结果，制订相应的运输计划，避免运输资源的浪费和闲置。

2. 运输线路规划

根据运输需求和实际情况，选择最优的运输线路，减少运输距离和运输时间，降低运输成本。

3. 运输排程计划

根据运输需求和运输线路，制订具体的运输排程计划，明确运输时间和路线，提高运输效率和准确性。

4. 运输资源调配

根据运输需求和运输计划，合理调配运输资源，包括车辆、司机、仓库等资源，确保运输过程的顺利进行。

5. 运输质量管理

对运输过程中的质量进行监控和管理，确保产品在运输过程中不受损坏和污染，提高客户满意度。

（三）运输执行管理

运输执行管理是指运输配送管理信息系统在运输执行过程中的实时监控、调度和指导。该功能主要包括以下方面。

1. 运输计划管理

根据客户订单、运输需求和运输资源状况，制订运输计划并下发给相应的部门和司机。运输计划管理可以确保运输工作的有序进行，避免资源浪费和运输延误。

2. 运输调度管理

根据实际情况对运输计划进行实时调整和指导。通过运输调度管理，可以调整运输路线、改变配送顺序、及时处理异常情况等，提高运输效率和减少运输成本。

3. 运输监控管理

利用物联网、GPS、传感器等技术，对车辆、货物、司机等信息进行实时监控和追踪。通过运输监控管理，可以及时发现运输过程中的问题，提高运输安全和质量。

4. 运输指导管理

根据实时数据分析和模拟预测，对运输过程中的问题进行指导和优化。通过运输指导管理，可以减少运输成本、提高配送效率、降低货损和交通事故的风险。

5. 运输报告管理

对运输数据进行收集、统计和分析，生成各种报表和分析结果，帮助企业管理层进行决策和优化。运输报告管理可以为企业提供数据支持和决策依据，帮助企业提高运输效率和降低运输成本。

（四）运输费用管理

运输费用是指在货物运输过程中发生的各项费用，包括运输费用、装卸费用、保险费用、关税、税金、手续费等。运输配送管理信息系统可以对这些费用进行管理和控制，帮助企业实现费用的优化和降低。运输配送管理信息系统的运输费用管理功能包括以下方面。

1. 运输成本核算

通过运输配送管理信息系统的数据分析功能，可以对企业运输成本进行核算和分析，了解各项费用的来源和占比情况。同时，可以对不同运输方式和不同运输线路的成本进行比较，选择最经济的运输方案。

2. 运输费用审核

通过运输配送管理信息系统的费用审核功能，可以对运输过程中产生的各项费用进行审核和确认。可以根据企业制定的费用标准，对不合理的费用进行拒付或调整。

3. 运输费用统计

通过运输配送管理信息系统的费用统计功能，可以对企业的运输费用进行统计和分析。可以了解不同产品、客户和运输线路的费用情况，为企业的管理决策提供参考。

4. 运输费用预测

通过运输配送管理信息系统的数据分析功能，可以对未来的运输费用进行预测和分析。可以根据历史数据和市场趋势，对未来的运输成本进行预测，帮助企业做出合理的预算和计划。

5. 运输费用控制

通过运输配送管理信息系统的费用控制功能，可以对运输过程中的各项费用进行控制和管理。可以对车辆的运行轨迹和油耗进行监控，对装卸和仓储等费用进行控制和优化，减少不必要的费用开支。

（五）运输数据分析

运输数据分析是指对运输过程中产生的数据进行分析、加工、挖掘，以帮助企业更好地了解运输过程中的各项指标和数据，从而优化运输方案、提高运输效率和降低运输成本。具体来说，运输配送管理信息系统的运输数据分析功能主要包括以下几个方面。

1. 运输数据的收集和整理

运输配送管理信息系统可以实现对运输数据的自动收集和整理，包括订单、货物、车辆、司机、路线、运费、时间等方面的数据。通过数据的自动化收集和整理，可以减少人工操作和数据错误，提高数据的准确性和可信度。

2. 运输数据的分析和比对

运输配送管理信息系统可以对收集到的运输数据进行分析和比对，包括货物的实际重量、体积、运输时间、路线选择、车辆使用率、司机效率等方面的数据。通过数据的分析和比对，可以找出运输过程中存在的问题和瓶颈，以便优化运输方案和提高运输效率。

3. 运输数据的可视化展示

运输配送管理信息系统可以将运输数据通过可视化的方式进行展示，包括图表、地图、报表等形式。通过可视化展示，可以让数据更加直观和易于理解，方便企业管理层进行决策和调整。

4. 运输数据的预测和规划

运输配送管理信息系统可以利用历史数据和运输趋势，进行运输数据的预测和规划。通过预测和规划，可以提前发现运输中可能出现的问题，以便及时进行调整和处理，保障运输的安全和顺畅。

5. 运输数据的统计和分析报告

运输配送管理信息系统可以根据企业需求，对运输数据进行统计和分析，并生成相应的分析报告。通过分析报告，可以更好地了解运输过程中的各项指标和数据，以便制定更加科学的运输策略和管理方案。

（六）客户服务管理

客户服务管理功能主要包括订单管理、运单管理和投诉处理等。具体来说，它可以通过以下方式提高客户服务水平。

1. 订单管理

运输配送管理信息系统可以通过网络平台接受客户订单，并对订单进行实时跟踪和管理。通过订单管理功能，客户可以方便地下单、查询订单状态和交付情况，同时运输企业也能够实时了解订单需求，提高订单处理效率和客户满意度。

2. 运单管理

运输配送管理信息系统可以根据客户订单生成运单，并通过无纸化技术进行电子化管理。通过运单管理功能，运输企业可以实时监控运输过程，提高运输效率和准确性，并能够方便地查询和分析运单数据，为后续的运输配送管理提供数据支持。

3. 投诉处理

运输配送管理信息系统可以对客户的投诉进行快速响应和处理。通过客户投诉管理功能，运输企业可以实时了解客户反馈和意见，及时进行问题处理和解决，提高客户满意度，维护企业形象和信誉。

（七）资源协同管理

运输配送管理信息系统可以实现企业内部和外部的资源共享和协同管理，包括车辆、司机、仓库等资源的共享和协调。通过资源协同，可以降低企业的运输成本，提高资源利用率。

1. 车辆资源协同管理

运输配送管理信息系统可以将企业内部和外部的车辆资源进行集中管理和调配。对于企业内部的车辆资源，系统可以实时跟踪车辆的位置和状态，及时掌握车辆的使用情况，避免车辆空闲或重复使用。对于外部车辆资源，系统可以根据业务需要，在预定的时间内向合作伙伴租借车辆，提高运输效率。通过资源共享和调配，可以最大限度地利用车辆资源，降低运输成本。

2. 司机资源协同管理

运输配送管理信息系统可以对企业内部和外部的司机资源进行管理和协调。系统可以实时跟踪司机的位置和状态，及时了解司机的工作量和工作情况，避免司机空闲或重复工作。对于外部司机资源，系统可以根据业务需要，在预定的时间内向合作伙伴租借司机，提高运输效率。通过资源共享和调配，可以最大限度地利用司机资源，降低运输成本。

3. 仓库资源协同管理

运输配送管理信息系统可以对企业内部和外部的仓库资源进行管理和调配。对于企业内部的仓库资源，系统可以实时跟踪仓库的存货量和出入库情况，及时了解仓库的使用情况，避免仓库的空闲或过载。对于外部仓库资源，系统可以根据业务需要，在预定的时间内向合作伙伴租借仓库，提高运输效率。通过资源共享和调配，可以最大限度地利用仓库资源，降低运输成本。

4. 运输路线协同管理

运输配送管理信息系统可以实时监控货物的运输情况，根据货物的实际情况和运输需求，调整运输路线和运输方式，提高运输效率。系统可以对不同运输方式进行比较和评估，选择最优的运输方式，降低运输成本。系统还可以实时跟踪货物的位置和状态，及时发现和解决运输中的问题，提高运输质量和效率。

第二节 运输配送管理信息系统的优化策略

一、当前运输配送管理中存在的问题和挑战

（一）时效性要求高

在当今竞争激烈的市场中，企业需要尽可能快地将产品送达客户手中，以满足客户的需求和要求，提高客户的满意度。而在运输配送过程中，由于交通拥堵、天气变化等各种因素的影响，时效性难以保证。此外，运输配送网络复杂，物流节点众多，需要在众多节点之间进行协调和

调度，这也会影响时效性。

另外，快递、物流等行业的迅速发展，也对时效性提出了更高的要求。许多电商平台都将快递时效性作为衡量物流服务质量的重要指标，以吸引更多客户。而在现实生活中，很多快递仍然存在时效性问题，甚至出现了丢失、损坏等情况，给客户带来了不便和损失。

（二）信息化水平较低

众多小型物流企业的信息化水平较低，未能实现运输配送过程中的数字化与自动化。这导致许多工作仍需依赖人工操作，从而降低了工作效率，同时也增加了出错的可能性。

（三）物流成本较高

信息化水平较低也是当前运输配送管理中存在的问题和挑战之一。很多企业仍然采用传统的管理方式，如手工记录、人工调度、电话通信等方式进行运输配送管理。这种方式效率低下、容易出错、信息不透明，难以满足现代物流业的要求。同时，由于信息化水平较低，企业难以充分利用物联网、大数据、云计算等先进技术来优化运输配送管理，无法提高运输效率、降低成本和提高客户满意度。

（四）大数据分析不足

尽管数据的获取已经比较容易，但是对于数据的分析和利用仍然不足。很多企业没有充分利用数据来优化运输配送过程，缺乏对于大数据的深入理解和应用。

（五）配送路线不合理

首先，不合理的配送路线会导致运输时间过长。在物流配送过程中，时间是非常宝贵的资源。对于消费者而言，长时间的等待会导致不满和不信任，进而对企业产生负面影响。对于企业而言，长时间的配送周期会增加库存成本，减缓资金周转速度，影响企业的运营效率。因此，不合理的配送路线不仅会降低企业的服务水平，还会直接影响企业的经济效益。

其次，不合理的配送路线会浪费资源。物流配送涉及的资源非常广泛，包括人力、车辆、燃料等。不合理的配送路线会导致资源的浪费，例如，车辆在配送过程中走了冤枉路，浪费了时间和燃料，增加了企业的运营成本。同时，人力资源的浪费也是不容忽视的问题，因为不合理的配送路线会增加配送员的工作量和时间，导致工作效率低下，进而影响企业的服务质量。

最后，不合理的配送路线会增加成本和风险。在配送过程中，存在着许多风险因素，例如，交通拥堵、恶劣天气等。不合理的配送路线会使这些风险因素变得更加严重，导致货物延误、损坏等问题，增加了企业的运营风险和成本。特别是对于一些贵重物品和易损物品，不合理的配送路线会给企业带来巨大的经济损失和信誉损失。

（六）环保要求高

首先，选择低排放、低污染的运输方式可以有效减少运输过程中的污染物排放。在现代物流配送中，许多企业倾向于选择大型的汽车、货车等传统运输工具，但这些运输工具排放的污染物对环境的影响很大。因此，选择低排放、低污染的运输方式，如电动车、自行车、步行等，不仅可以减少污染物的排放，还可以降低企业的运营成本，提高社会的环保效益。

其次，配送方案也应该考虑环保因素。针对不同的货物和目的地，选择合理的配送方案可以有效减少物流配送对环境的影响。例如，对于短途运输，可以考虑采用自行车、电动车等低碳运输方式，减少运输过程中的碳排放。对于远程运输，可以考虑采用船舶、铁路等交通工具，减少道路运输对环境的影响。

最后，企业应该积极引导员工和消费者的环保意识，倡导低碳生活和绿色消费。运输配送管理不仅是企业自身的问题，也是社会的问题。企业可以通过宣传、培训等方式，提高员工的环保意识，让员工积极参与到环保行动中来。同时，企业还可以通过推广低碳产品、引导绿色消费等方式，让消费者认识到环保的重要性，提高消费者对环保产品和服务的需求。

（七）安全问题

首先，货物的丢失、损坏、偷盗等问题是运输配送管理中最常见的安全问题之一。这些问题的发生会直接影响企业的运营效率和经济效益，给企业带来巨大的损失。因此，企业需要通过科学合理的运输路线规划和配送方案，加强货物的监控、管理和保护，防范货物的丢失、损坏、偷盗等问题的发生。

其次，车辆交通事故也是运输配送管理中重要的安全问题之一。车辆交通事故不仅会导致货物的损失和企业的经济损失，还会对人身安全造成威胁。因此，企业需要重视车辆的安全管理，加强车辆的维修和保养，合理安排车辆的行驶路线和时间，减少车辆交通事故的发生。同时，企业也应该加强驾驶员的安全培训，提高驾驶员的安全意识和技能水平，减少驾驶员的交通违法行为。

最后，企业需要建立完善的安全管理制度和监管机制，规范企业的运作行为，保障物流配送的安全。企业可以制定相关的规章制度和标准化操作流程，建立健全的安全管理制度和监管机制，对各个环节进行严格监管和管理，确保物流配送的安全和稳定。

（八）国际化竞争

随着全球化进程的加速，国际化物流市场竞争日益激烈，要想在国际市场上占有一席之地，需要不断提高运输配送管理的效率和质量，降低成本，提高服务质量。

二、物联网环境下物流运输配送管理系统的优化策略

（一）系统架构的优化策略

系统架构的优化策略是指通过对系统架构进行优化，提高系统的可扩展性、可维护性、可靠性和安全性，以实现系统的高效运行和稳定性。以下是一些可以实现系统架构优化的策略。

1. 分层架构设计

分层架构设计是指将系统按照不同的层次分为不同的模块或组件，每个组件只负责一项功能，并且各个组件之间相互独立，减少了组件之间的耦合性。这种架构设计可以提高系统的可扩展性和可维护性，使得系统更

易于维护和升级。同时，分层架构设计也有助于系统的模块化设计和代码复用，提高系统的开发效率。

2. 微服务架构设计

微服务架构设计是指将系统拆分为多个小型服务，每个服务只负责一项功能，并且各个服务之间相互独立，通过轻量级的通信机制进行通信。这种架构设计可以提高系统的可扩展性、可维护性和可靠性，使得系统更加灵活和可定制。同时，微服务架构设计也有助于系统的快速开发和部署，提高系统的开发效率和运行效率。

3. 异步消息架构设计

异步消息架构设计是指通过异步消息传递机制来解耦各个模块之间的依赖关系，提高系统的可扩展性、可维护性和可靠性。这种架构设计可以将各个模块之间的依赖关系降到最低，提高系统的并发处理能力和容错性，同时也有助于系统的解耦和模块化设计。

4. 负载均衡和高可用架构设计

负载均衡和高可用架构设计是指通过将系统部署在多个服务器上，利用负载均衡机制来平衡各个服务器的负载，并且通过冗余设计和备份机制来保证系统的高可用性和可靠性。这种架构设计可以提高系统的稳定性和可靠性，降低系统故障的风险，并且能够满足高并发访问的需求。

5. 安全架构设计

安全架构设计是指通过安全措施和机制来保护系统的安全性和稳定性，防止恶意攻击和数据泄露。这种架构设计可以通过加密、身份认证、访问控制等手段来保护系统的安全性。以下是一些可以实现安全架构设计的策略。

加密技术：通过采用加密技术，对敏感数据进行加密处理，以保证数据传输过程的安全性。常见的加密技术有对称加密和非对称加密等。

身份认证技术：通过采用身份认证技术，确保用户的身份合法、准确、安全。常见的身份认证技术有单因素认证和多因素认证等。

访问控制技术：通过访问控制技术，对系统的资源进行限制和管理，以防止未经授权的用户访问和使用系统资源。常见的访问控制技术有基于角色的访问控制和基于权限的访问控制等。

安全审计技术：通过安全审计技术，对系统的操作进行记录和监测，以及时发现和处理安全事件，保证系统的稳定性和安全性。常见的安全审计技术有操作审计和数据审计等。

安全备份技术：通过安全备份技术，对系统数据进行备份和恢复，以防止数据的丢失和损坏。常见的安全备份技术有数据备份和灾备恢复等。

安全培训和意识提升：通过对员工进行安全培训和意识提升，提高员工的安全意识和防范能力，防止员工因为疏忽或者错误导致系统出现安全漏洞。

总之，物流运输配送管理系统架构的优化策略是一种通过改进系统的结构、组件和交互方式，来提高系统的性能、可靠性、扩展性和安全性的方法。企业可以根据自身业务需求和技术水平，采用以上方法，逐步完善物流运输配送管理系统架构，提高系统的效率和服务质量。

（二）数据采集的优化策略

数据采集的优化策略是指通过改进数据采集的方法和流程，提高数据采集的效率和准确性，以满足数据分析和应用的需要。以下是一些可以实现数据采集优化的策略。

自动化数据采集：通过引入自动化数据采集技术，减少人工干预的程度，提高数据采集的效率和准确性。自动化数据采集技术可以采用各种传感器和设备，例如，扫描枪、RFID、GPS等，实现数据的自动采集。

标准化数据采集流程：通过制定标准化数据采集流程，规范数据采集的方法和步骤，提高数据采集的准确性和一致性。标准化数据采集流程可以采用各种方法和工具，例如，流程图、数据字典等，明确数据采集的标准和规范。

数据采集质量控制：通过对数据采集过程进行质量控制，确保采集的数据准确、完整、一致和可靠。数据采集质量控制可以采用各种方法和工具，例如，数据验证、数据清洗、数据校验等，保证采集的数据质量符合要求。

多样化数据采集方法：通过采用多样化的数据采集方法，充分利用各种数据来源和渠道，提高数据采集的效率和准确性。多样化的数据采集方法可以包括各种手段和途径，例如，调查问卷、在线调查、社交媒体等，以获取更多的数据来源和信息。

数据采集人员培训和意识提升：通过对数据采集人员进行培训和意识提升，提高其数据采集技能和知识水平，减少数据采集过程中的错误和失误。数据采集人员培训和意识提升可以包括各种形式和方式，例如，培训课程、知识分享、经验总结等，以提高数据采集的质量和效率。

（三）数据处理的优化策略

数据处理是基于收集的物联网数据进行分析和应用的过程。为了提高运输配送管理系统的效率和准确性，需要采取优化策略来优化数据处理过程。

1.数据清洗与预处理

在物联网环境下，由于各种物理设备和传感器的复杂性和异构性，以及数据传输和存储的不确定性，数据质量问题不可避免地存在。为了保证数据的准确性和一致性，在进行数据分析之前，需要进行数据清洗和预处理。以下是一些数据清洗和预处理的工作。

数据清洗：数据清洗是指剔除无用的数据、缺失数据、异常数据和错误数据等，以确保数据的准确性和一致性。数据清洗可以采用各种方法和工具，例如，数据去重、数据填充、数据过滤等，保证数据的质量符合要求。

数据格式转换：数据格式转换是指将不同格式的数据转换为一致的格式，以便更好地进行数据分析和应用。数据格式转换可以采用各种方法和工具，例如，数据转换工具、数据标准化等，确保数据的格式一致性和可读性。

数据集成：数据集成是指将来自不同数据源的数据进行整合和合并，以形成更为完整和全面的数据集。数据集成可以采用各种方法和工具，例如，数据集成平台、数据接口等，保证数据的一致性和完整性。

数据归一化：数据归一化是指将数据的不同值域进行标准化和归一化，以便更好地进行数据分析和应用。数据归一化可以采用各种方法和工具，例如，数据标准化、数据缩放等，确保数据的一致性和可比性。

异常检测：异常检测是指检测数据中的异常值和异常情况，以便更好地进行数据分析和应用。异常检测可以采用各种方法和工具，例如，统计分析、机器学习、数据挖掘等，保证数据的准确性和可靠性。

2. 数据可视化与展示

数据可视化与展示是指通过图表、地图、仪表盘等可视化方式来呈现数据和信息，以便于用户快速理解和识别数据的关键信息和趋势。采用数据可视化技术，可以更加直观地呈现数据，帮助用户更好地理解数据的含义和关联关系，从而做出更加科学和有效的决策。以下是一些物流运输和配送数据可视化和展示的方法。

运输路线地图展示：通过地图库和工具，将货物的运输路线展示在地图上，以便更好地进行地理信息的分析和展示。

运输时间折线图展示：通过折线图库和工具，将货物的运输时间进行展示，以便更好地进行时间的分析和展示。

运输成本柱状图展示：通过柱状图库和工具，将货物的运输成本进行展示，以便更好地进行成本的分析和展示。

车辆状态监测：通过实时数据处理库和工具，将车辆的状态进行实时监测和展示，以便更好地进行运输和配送的管理和调度。

运输效率和服务质量雷达图展示：通过雷达图库和工具，将货物的运输效率和服务质量进行展示，以便更好地进行质量和效率的分析和展示。

3D可视化展示：通过3D库和工具，将物流场景进行3D可视化展示，以便更好地进行物流流程和状态的分析和展示。

3. 数据分析与挖掘

数据分析与挖掘是指利用各种数据分析技术，对数据进行深入挖掘和分析，发现其中的规律和趋势，并提取出有用的信息和知识，为决策提供支持。常用的数据分析技术包括聚类分析、回归分析、关联规则挖掘、分类与预测、时序分析等。通过对运输配送管理系统数据的分析和挖掘，可以帮助企业深入了解物流运输和配送的特点和规律，优化运输配送流程，提高运输效率和准确性。

（三）智能决策的优化策略

智能决策的优化策略是指通过应用人工智能、大数据分析等技术，实现自动化、智能化的决策过程，从而优化运输配送管理，提高效率和质量。以下是一些可以实现智能决策优化的策略。

1.建立智能决策模型

企业可以通过大数据分析和人工智能等技术，建立智能决策模型，对运输配送过程进行智能化分析和优化。通过建立智能决策模型，可以实现运输配送过程的自动化和智能化，从而提高效率和质量。

2.应用物联网技术

物联网技术可以通过传感器、RFID等设备，实时监测货物的位置、温度、湿度等信息，从而优化运输配送过程。通过物联网技术，可以实现运输配送过程的实时监控和智能化决策，提高效率和质量。

3.采用机器学习技术

机器学习技术可以通过对历史数据的分析和学习，预测货物的运输时间、路线、运输方式等，从而优化运输配送过程。通过机器学习技术，可以实现智能化决策，提高运输效率和降低成本。

4.引入人工智能技术

人工智能技术在运输配送管理中的应用可以大大提高效率和质量。以下是一些实现智能化运输配送管理的人工智能技术。

（1）深度学习

深度学习是一种机器学习的方法，可以通过构建深度神经网络模型，自动提取特征并学习规律，实现对数据的分类、预测和优化。在运输配送管理中，深度学习可以通过分析大量历史数据，建立运输路线和运输量预测模型，提高运输效率和准确性。

（2）自然语言处理

自然语言处理是一种利用计算机技术处理自然语言的方法，可以实现对自然语言文本的理解、分析和生成。在运输配送管理中，自然语言处理可以通过对货物信息和交通状况进行语义分析，实现智能配送路线的规划和优化。

（3）机器视觉

机器视觉是一种通过图像识别和分析技术，对物体进行识别和定位的技术。在运输配送管理中，机器视觉可以通过对货物进行图像识别和处理，实现货物状态的监测和追踪，提高货物的安全性和可靠性。

（4）聊天机器人

聊天机器人是一种可以通过自然语言交互，实现智能问答和问题解决的技术。在运输配送管理中，聊天机器人可以通过对用户的问题进行识别和解答，实现智能化的客户服务和投诉处理。

第四章　基于物联网的物流成本管理

第一节　物流成本管理基础

一、成本与物流成本

（一）成本

身为物流从业人员，想了解物流成本的内涵，开展物流成本的管理，应首先了解成本的内涵及作用。

通常来说，成本就是人们在进行一系列的生产活动中所运用到的一切人力、物力、财力等资源的表现。成本是衡量生产消耗的标尺，是产品价格制定的基础，是计算企业盈亏以及企业决策的重要依据，同时成本是反映企业业绩的重要指标。

事实上，成本在不同的领域具有不同的含义，在现实中的应用也是多样化的。了解成本的内涵应从不同领域、不同角度观察成本，尤其要理解与区分会计成本和管理成本，并能根据不同的目的正确地运用相关成本。

1. 会计成本

根据国家法律规定的算法核算出的成本也成为会计成本，一般情况下指产品本身具有的成本或劳动成本。产品自身的成本以及劳动成本取决于产品和劳务支出。已销售产品、已提供劳务的成本形成营业成本，计入当期损益，按配比原则与相应的营业收入相配比，从收入中得到补偿；未销售产品的成本则保留在存货成本中。谈到成本，必然牵涉与之有关的费用和支出的含义。支出、费用和成本涵盖的范围不尽相同，有必要加以区分。

（1）支出

企业经济流出的总和称之为支出，指企业在运行过程中所有的开支，其中包括资本性支出、税金支出、利润分配以及各项损失等。

（2）费用

费用有广义和狭义之分：广义的费用泛指企业在日常活动中发生的所有耗费。其主要强调"耗费"本身，并不在意发生耗费的主体，既包括在取得收益的过程中发生的耗费也包括在产品生产过程中的成本、劳务等耗费；狭义的费用也是准则所定义的费用的概念，其主要强调在取得收入的过程中产生的耗费，而不是产品生产过程中发生的一系列耗费。

（3）成本

成本是对象化的费用，也有广义和狭义之分。广义的成本指在获得利益的过程中发生的各种支出；而狭义的成本则是在会计准则中界定的产品成本和劳务成本，主要指在日常生产活动中发生的产品和劳务支出。

2.管理成本

相对于会计成本，管理成本是针对管理而定义的概念。简单来说，会计成本的原则性很强，且其定义必须严格遵守会计法定义的内容，但管理成本则更为灵活，可以根据企业自身的管理实践活动对其进行一定的调整并界定。管理成本包含会计成本、变动成本、付现成本、人力资源成本、作业成本以及产品质量成本等一系列成本，同时企业可以根据自身的经营目标和管理要求，对管理成本的范畴进行一定的调整，从而达到企业管理目的。

（二）物流成本

1.定义

从会计成本和管理成本的视角看，物流成本隶属于管理成本的范畴，是企业针对物流管理所界定的成本概念。物流成本管理作为物流管理的核心内容，其既可以作为物流管理的重要收官也是评判物流在运作过程中盈利多少的工具。由于物流成本能更贴切地反映出物流运作过程中的实际状况以及可以作为评判物流活动的标尺，因此其具有上述特点。

根据物流成本在企业中所处领域不同，其可以划分为生产制造企业物流成本、流通企业物流成本和物流企业物流成本。同时，根据物流成本的主体不同，又可以将前两者称为货主企业物流成本。

2.物流成本和产品成本的共性和差异性

针对于成本，人们潜意识里总是先想到产品成本，物流成本相较于产品成本具有哪些共性与特性呢？

（1）物流成本和产品成本的共性

①物流成本和产品成本均以货币来计量

产品成本和货币成本都是以货币来计量的，对于产品成本来说，根据成本流转的原则，企业从建立到原材料的采购，直至生产出相应产品，随着生产进行到不同阶段，成本也在这个过程中不断流转，会计人员记录耗材和原材料的采购以及产品成本的流转过程，以反映企业的经济活动。在整个过程中，只有通过货币支付的消耗才能被视为产品成本。对于物流成本，它不仅包括在支付过程中所体现出来的显性物流成本，还包括在过程中无须支付货币的隐性成本。这些隐性成本虽然没有货币的流动，但是它们的影响需要用货币来衡量。因此，在计算产品成本和物流成本时，需要全面考虑这些因素的影响。

生产以及运输过程中对环境产生的影响等一类无法以货币进行衡量的耗费则不能计入产品成本和物流成本中。

②物流成本和产品成本均是特定对象的耗费

成本具有一定的对象性和目的性，其是在生产过程中针对一系列产品产出的耗费，这个产出物称为成本计算对象，它可以是一件产品或者一项服务（活动）。

对于产品成本的归纳和计算，其总是将一些指定的产品产出纳入产品成本，对于办公费、利息支出等不能归纳为指定对象的支出，只能将其归为期间费用；物流成本的计算也同样是某些特定的物流活动，在企业和物流活动的过程中，和物流直接相关的支出都可以将其归为物流成本，而办公费、银行手续费等一系列不能合理地直接与物流活动相关的支出，则只能归为物流企业的费用。

（2）物流成本和产品成本的差异

产品成本和物流成本分别为财务会计和管理会计中的概念。在财务会计的概念中，成本是指在生产过程中资产实际的消耗，产品生产以及销售的整个过程也是资金消耗的过程。如在生产的过成中，一些原材料的使用以及一些器械的损耗以及人力资源的支付等，都随着产品的产出不断有资金的损耗，这一系列的损耗都是发生在产品生产的过程中，因此其原始购置成本隶属于相应的产品，即转化为产出物的成本；在管理会计的定义中，成本既包括在生产实践过程中实际耗费的资产，同时也包括在生产决策过程中为选择最优方案所放弃的一系列机会成本。物流成本之所以是管理成本中的概念，因其既含有在物流活动过程中货物运输、储藏、包装等一系列有实际支出的显性成本，也含有在物流过程中未产生支出因占用自有成本的隐形成本。

产品成本是指企业在正常的生产和运营过程中所产生的费用，而物流成本则贯穿于整个企业的运营和融资活动。从理论上讲，整个企业的经济活动应该划分为生产经营活动、投资活动和融资活动，这些活动的收益和损失都要单独列示，以对其绩效进行评估。为了评估公司的盈利能力，必须将公司的正常收益和亏损分别进行报表。只有在正常的生产和运营活动中产生的费用才能被计入产品成本，并从销售收入中扣除，以便体现企业的正常盈利能力。非正常的、预料之外的费用不会被计入产品成本，而是会作为长期支出或损失进行处理。

就物流成本而言，除了企业在正常经营过程中与物流活动有关的费用支出（如物流人员费用、物流设施维护费、物流管理费用）外，还包括经营过程中发生的非正常的、意外的费用支出（如存货丢失所造成的风险损失、废弃物处理的成本支出）以及与筹资过程相关的支出（如与存货有关的负债融资所产生的利息支出）等。因此，与产品成本相比，物流成本不仅包括正常经营过程中的费用支出，还包括非正常支出和与筹资过程相关的一些支出。

商品成本包含了物料的价值，而商品（原料）的成本作为其成本的计算起点；物流成本不包含在物流过程中的价值，其核算的起点是获取物（原料）所发生的相关费用，一般从原材料投入使用，到投入生产过程中人、财、物的投入直至成为产成品以及产品的出库、销售，实物在流转，成本也在累积，其成本计算始终着眼于物。随着投资的持续增长，商品的价值和商品的价格也在不断积累和增长。物流成本的核算一般从物料的采购入手，以物料的行为为主线，但不包含物料自身的价值，而应由物料的流通引起的非物项价值以外的费用开支。

3. 物流成本的特征

组成复杂：物流成本由多个方面的费用构成，包括运输、仓储、包装、装卸、保险等，其中每个方面的费用还可能包括多个子项。

影响范围广：物流成本影响企业运营的各个环节，包括采购、生产、库存、销售等多个环节。

不稳定性：物流成本的大小和组成随着企业规模、运作模式、市场变化、政策变化等因素的影响而不断变化。

易受外部因素影响：物流成本受外部环境因素的影响比较大，如能源价格波动、物流服务商价格变化、自然灾害等因素。

可变性强：物流成本与企业的经营决策密切相关，企业通过调整物流网络、提高物流效率、采用新技术等手段可以对物流成本进行有效控制。

除了以上这些特性外，物流成本还表现为互补性、隐蔽性、不完备性。

从现代物流的观点来看，所谓"变动损益"，就是指任何一个因素的变化，都会对另一个因素造成影响，或任何一个因素的增加，都会削弱其他因素。在企业物流体系中，与成本有关的利益变动关系主要有：物流服务水平与物流成本；物流系统中各个子系统间的联系；各个子系统的活动成本等。

物流成本隐性化是指在其他成本项下，使得企业很难对其进行精确的核算。具体体现在以下几个方面：第一，不同的企业将物流成本纳入不同的核算范围；第二，将企业内部的物流成本与其他成本混合在一起。

物流成本不完备性是指由于物流流程的复杂性和现行的会计体系存在的不足，导致企业在进行物流成本核算时，无法充分体现企业的实际物流消耗。

二、影响企业物流成本的因素

（一）企业物流合理化程度

物流合理化是指通过优化物流活动的各个方面（如运输、仓储、装卸、流通加工、物流信息和物流管理等），以最小的代价获得最优的物流服务。实现物流合理化需要对物流过程进行重组和优化，以达到最小的物流成本和最大的效率。通过采取一系列措施，如优化物流网络、加强物流信息化、优化物流管理等，可以进一步提高物流效率、降低物流成本，并提高企业的市场竞争力。因此，物流的合理性直接影响企业的物流成本，对企业来说，物流的合理性是最重要的。

（二）物流管理信息化程度

如果说前几年提高物流信息化程度还只是一个理念或追求的话，那么，近年来很多企业的物流信息化管理实践证明了，信息化水平高低是企业在激烈的市场竞争中能否立于不败之地的关键因素。物流管理信息化建设，前期投入相对较大，但建成后的效果往往超乎人们的意料。许多著名企业，在信息化的推动下，不但能够实现物流信息的集成和信息共享，同时也能对物流信息进行快速反应，从而达到对传统物流管理模式的突破。通过信息化建设的延伸，实现了供应链上各方的信息共享，从而促进了物流流程的重构，达到了多方双赢。因此，物流企业的信息化水平直接关系到企业的物流成本。其实，全面推进物流管理的信息化进程是一个耗时较长、效率较低、效益不明显的复杂系统工程，建设初期甚至会大幅提升物流成本。但从长远看，要持续提升物流管理水平，探寻降低物流成本的"第三利润源"，信息化建设将历史性地承担这一使命。

（三）物流运作方式

在现代管理思想的推动下，许多企业将重点放在提升自身的核心能力上，将不具有竞争优势的物流业务进行外包。从目前的物流运营实践来看，物流运营模式可以分为三种：完全自营、部分自营、完全外包，而企业的物流经营模式则是以经营管理需求为基础，以降低成本为目的，不同的物流运营模式所导致的物流成本差异较大。基于这一点，企业在物流业务运作方式上往往能够做出理性选择，在认真计算投入产出比和物流总成本，同时充分考虑企业战略目标的基础上，选择并适时调整合适的物流业务运作方式。

（四）物流成本计算方式

物流成本的三个要素分别是物流合理化、物流管理信息化、物流经营模式，其程度和实施方法的差异会对物流成本产生真实的影响，与以上三个影响因子不同，不管采用哪一种方法，物流成本都是真实客观的，而计算方法的不同，只是对决策者的物流成本产生了不同的影响。通常，采用粗放型的方法进行成本核算，得出的物流成本值相对较低。随着物流成本的精确度不断提升，其计算范围也随之扩展，最后所得到的物流成本也随之增长。实际上，各国对物流成本的核算方法不尽相同，甚至在同一个国家，不同的企业使用的方法也不尽相同。

第二节 物流成本管理的内容与方法

一、物流成本管理的内容

物流成本管理的内容包括：成本核算、成本预测、成本决策、成本计划、成本控制、成本分析、成本考核等。

（一）物流成本核算

物流成本核算是指在企业所确定的物流成本核算目标下，按照一定的成本项目，运用合适的成本核算方法，对在生产过程中所产生的物流相关的费用进行收集和分配，以求出各个物流成本核算对象的物流成本。

在物流成本核算中，最重要的两个要素是：一是要弄清物流成本的组成，也就是寻找物流与费用的交汇。基于利益逆向理论，物流成本的各个项目都有一个递减的过程，其中一个环节的费用降低，就会导致其他项目的费用增加，因此，从物流体系的观点来看，应该对物流成本进行全面、明确的定义。二是物流成本的核算目标的确定。对于企业来说，物流成本核算的目标是多种多样的，包括产品、部门、地区、事业部、物流范围、物流阶段、物流功能等。因此，在物流成本核算过程中，需要对物流成本进行动态调整。

（二）物流成本预测

物流成本预测是基于现有的各种与物流成本相关的资料，结合内外部环境的变化，采用专业方法，对未来物流成本和变化趋势进行科学估算的过程。不同规模、不同管理模式的企业，其成本预测和预测模式各不相同，但它们的预测都有三个共性：一是根据不同的历史数据进行预测；二是所有的费用预测都与将来有关；三是对工程造价的预测均有不确定因素。

（三）物流成本决策

物流成本决策是指在根据物流成本的预测和综合其他相关数据的基础上，制订出多种降低物流成本的计划，并利用科学的方法对各个方案进行可行性分析，从中选出最优的方案。在进行物流成本决策时，需要以最小化代价为前提，并以实现最大净利润为目标。

在物流成本决策过程中，一般涉及以下四个步骤：搜集物流成本资讯及相关资料，设计备选方案，从备选方案中选取方案，评估决策。在具体实施过程中，这四个阶段有时并不是按顺序一次性完成的，经常需要返回到以前的阶段进行选择和评估后，再完成后续阶段。

在进行物流成本决策时，应采用以经济长期稳定发展为目标，以经济效益为衡量标准的综合经济指标。由于物流系统的复杂性和经济活动的不确定性，决策过程中可能还需要考虑一些非经济目标，以进行综合判断和制定行动方案。综合经济指标可以包括物流成本、物流效率、物流服务水平、客户满意度、环境保护等多个方面的指标，综合考虑多方面的因素，制定出最优的物流成本决策方案。通过科学合理的物流成本决策，企业可以有效地控制物流成本、提高运营效率，同时也可以提高顾客满意度和环境保护水平，实现可持续发展。

由于物流成本决策涉及的是价值问题，也就是资本消耗的合理性，所以它具有很强的综合性，能够指导和约束企业的其他生产管理决策；而成本的确定是成本规划的先决条件，是降低成本、提高经济效益的重要一环。

（四）物流成本计划

计划是指预先决定做什么、何时做、怎样做和谁去做。物流成本计划有广义和狭义之分。

广义的物流成本计划是指物流成本规划，是物流成本管理工作在总体上的把握。它为具体的物流成本管理提供战略思路和总体要求，是根据企业的竞争战略和所处的经济环境制定的。它是通过对物流活动的大小和层次进行调节，从而达到物流成本控制的目的。其内容主要有：确定企业物流成本管理的重点、策略的制定、物流成本核算的准确性、绩效评估指标的制定、绩效评估指标等。

狭义的物流成本计划，是指根据物流成本的确定，采用货币的方式，确定各个环节的费用支出，并给出相应的措施，以确保物流成本计划的顺利实施。狭义的物流成本计划分为月度计划、季度计划、半年计划和每年计划。狭义的物流成本计划可以纳入物流成本预算。物流成本预算是以财务指标将成本计划量化的一种表现形式，是对计划的一种阐释。

（五）物流成本控制

物流成本控制是指通过科学管理和控制手段，对物流成本进行有效管理和控制，以实现降低物流成本的目标。在进行物流成本控制时，企业需要全面了解物流成本的组成和影响因素，采取有效的物流运营管理措施，以最小的代价获得最优的物流服务，同时提高运营效率和客户满意度。物流成本控制的关键在于识别和削减不必要的成本，同时优化物流网络和物流运营管理，以降低物流成本。在进行物流成本控制时，需要采用科学的手段和技术，如物流信息化、物流设备优化、物流流程改进等，以提高物流效率和降低物流成本。通过物流成本控制，企业可以有效地降低物流成本，提高企业的市场竞争力和盈利能力。

（六）物流成本分析

物流成本分析是指通过对物流成本的组成和影响因素进行分析，了解和掌握物流成本的情况和变化趋势，为企业制定物流成本控制策略提供依据。在进行物流成本分析时，需要对物流运输、仓储、装卸、包装、保险、信息化和管理等各个方面的成本进行详细的统计和分析，掌握其占比情况和变化趋势。通过对物流成本的分析，可以识别和削减不必要的成本，同时优化物流网络和物流运营管理，降低物流成本，提高运营效率和客户满意度。在进行物流成本分析时，还需要综合考虑行业发展趋势和企业自身的特点，分析物流成本的结构和分布，为企业制定物流成本控制策略和决策提供依据。通过物流成本分析，企业可以深入了解物流成本的情况和变化趋势，制定出科学合理的物流成本控制策略，提高企业的市场竞争力和盈利能力。

（七）物流成本考核

物流成本考核是指根据企业制定的物流成本控制策略和目标，对物流成本进行定量和定性的考核和评估，以评价物流成本控制的效果和成果。在进行物流成本考核时，需要建立科学的考核指标体系，综合考虑物流成本的组成和影响因素，同时结合企业的实际情况和行业标准，制定出符合实际的考核指标和权重。通过定期对物流成本进行考核和评估，可以识别和削减不必要的成本，同时优化物流网络和物流运营管理，降低物流成本，提高运营效率和客户满意度。在进行物流成本考核时，还需要考虑不同物流环节和物流节点的成本情况和变化趋势，结合实际情况制定相应的考核标准和方法。通过物流成本考核，企业可以了解物流成本控制的效果和成果，及时调整和优化物流成本控制策略，提高企业的市场竞争力和盈利能力。

二、物流成本管理的方法

物流成本的管理有多种方法，既有定性方法，也有定量方法。从整体上看，可以从两个方面来研究物流成本管理，一是物流成本管理的内容，也就是横向的物流成本管理；二是物流职能，也就是物流的纵向成本管理。

（一）横向物流成本管理方法

物流成本管理包括物流成本核算、成本预测、成本决策、成本规划、成本控制、成本分析和成本评估。企业通过对物流成本的核算，精确地掌握了基本的物流成本，从而为物流成本管理提供了一定的支持；通过对物流成本的测算、成本的预测，可以对企业进行成本控制，从而为企业进行成本控制打下良好的基础；企业在制定成本规划和进行成本预算的过程中，为企业的物流成本管理工作提供了基础；通过对物流成本的分析，可以对各个责任主体的成本规划和成本控制的执行效果进行评估，并将绩效考核与奖惩相结合，以激发员工的积极性，从而实现对物流成本的管理。这些内容构成了企业的物流成本管理的一个重要组成部分，即企业在物流成本管理中的每一个环节和内容，从而实现物流的管理。在实际操作中，成本管理采用了以下几种方式。

1.物流成本核算

物流成本的核算方法有三种：会计核算、统计核算、会计核算与统计核算。物流成本的核算是通过凭证、账目、报表等方法，连续、系统、全面地记录、计算和报告物流成本；以统计学的方法来计算物流成本，是指将现有的成本数据分解，按照不同的物流成本计算对象，将其重新归类、分配、汇总，并将其处理为所需的物流成本，而无须建立完整的凭证、账户和报表系统；将核算与统计相结合的方法进行物流成本核算。

2. 物流成本预测

物流成本预测是指基于现有的物流成本数据和影响因素，运用专业的方法和工具，对未来一段时间内的物流成本和变化趋势进行科学的估算和预测。在进行物流成本预测时，需要综合考虑物流运输、仓储、装卸、包装、保险、信息化和管理等各个方面的成本和影响因素，包括市场需求、供应链变化、物流技术发展等因素。通过对物流成本的预测，企业可以制定出科学合理的物流成本控制策略，提前做好成本预算和控制，降低不必要的成本，提高运营效率和客户满意度。在进行物流成本预测时，还需要运用科学的方法和工具，如时间序列分析、回归分析、统计模型等，对未来物流成本的趋势和规律进行分析和预测。通过物流成本预测，企业可以了解未来物流成本的情况和变化趋势，及时调整和优化物流成本控制策略，提高企业的市场竞争力和盈利能力。

3. 物流成本决策

物流成本决策本质上是根据决策目标从若干备选方案中选择最优方案的过程。物流成本决策的基本程序包括确定决策目标、广泛收集资料、拟定可行性方案和做出选优决策。决策方法分为定量分析和定性分析，根据决策内容、决策类型、数据类型等因素，分别采用差异分析法、均衡分析法、决策表法等。

为提高决策水平和效率，目前部分企业开发、使用了物流成本决策支持系统，充分利用计算机和人工智能领域的先进技术，如数据仓库、联机分析处理和智能推理等，广泛收集和整理企业经营过程中的相关物流成本数据，并加以深入分析，为物流成本管理者做出科学、及时的成本决策提供支持。

4. 物流成本规划

物流成本规划是指在物流过程中，对各个环节的费用进行编制，并将其具体地体现为物流成本的预算。从整体上看，可以用精细的计算方法和估算方法来进行物流成本的规划。

细算法是以各种物料的成本支出指标为基础，综合考虑成本的需求，对各个项目的成本进行了详细的核算，并对其进行了详细的规划与总结。该方法计算细致，便于实施、控制、分析和评价，但其工作量较大。

概算法是根据物流成本减少措施计划，分析、测算各种措施对物流成本的影响和可能产生的后果，从而对去年的成本编制和年度成本计划进行调整。与细算法相比，该方法具有操作简单、工作量少、与企业降低物流成本紧密联系的优点。

由于预算是一种具体的规划和实现手段，因此，在制定物流成本预算时，可以采用这种方法。在物流成本预算中，有固定预算、弹性预算、零基预算、增量预算、定期预算和滚动预算等几种不同的方法。

5.物流成本分析

物流成本分析是衡量物流成本管理绩效、实施物流成本评估的一个重要环节。物流成本分析主要有比较分析法、比率分析法和因素分析法等，其中比率分析法又包括相关比率分析法、趋势比率分析法和构成比率分析法等。企业可根据分析的要求和掌握资料的情况，选择具体的分析方法。

6.物流成本考核

物流成本考核是确保成本降低举措落到实处的重要方式。就考核的内容和方法而言，包括定性和定量两种方式。定性考核主要是考核相关成本降低举措是否得到严格执行等；定量考核主要是考核物流成本相关指标的完成情况。在实践中，物流成本考核的实施通常是定量考核为主，兼顾定性考核。

（二）纵向物流成本管理方法

纵向物流成本管理是指从各个职能或联系的角度进行成本管理，包括运输、仓储、包装、装卸、流通、加工等职能或环节。实际上，对每一种物流职能费用进行管理，都可以采用横向物流成本管理。比如，在运输成本的计算、预测、决策、计划、分析、考核等方面，根据不同的经营需求，可以采取不同的管理方法。

各物流功能成本除了通用的横向物流成本管理方法，根据各自特点，也可采取相应的成本管理和控制方法。

为了加强运输成本管理，实现货物运输和配送的优化，可采用线性规划和非线性规划的方法制订最优运输计划，运用系统分析技术，选择货物最佳配比和配送线路等。

通过线性规划与非线性规划相结合，制定出最优的运输方案，并利用系统分析技术，确定出最优的物流配比和配送路线。为强化仓库的成本控制和库存的优化，可以采用经济订购批量（EOQ）模式来决定最优仓的数量。

第三节　物流成本的控制

一、物流成本控制概述

（一）物流成本控制的含义

物流成本管理是指以既定的物流成本为目的，通过对企业在物流活动中所产生的各类消耗进行约束、调整，从而达到或超越既定的物流成本目标。物流成本控制是对物流成本产生的原因进行控制，而非对其进行成本控制，即对导致其产生的各种驱动力进行控制，从而实现对其进行长期的管理。

物流成本的控制有广义的和狭义的两种定义。在广义上，物流成本控制是指企业在整个生产过程中对物流成本进行的控制，包括事前、事中和事后的控制手段。这种广义的物流成本控制范围广泛，涵盖了企业的战略目标、财务管理等方面的内容。而狭义上的物流成本控制则更加注重对企业经营活动的控制，包括物流活动的各个环节，如运输、仓储、装卸、包装、保险等，以及物流管理和信息化等方面。从实际应用出发，物流成本控制通常是一个广义的物流成本控制，而在实际操作过程中需要关注物流成本控制的各个方面，采取相应的控制手段和措施，从而保证企业物流成本的控制和管理。

在物流成本管理中，有绝对费用管理和相对费用管理两大类。绝对成本控制是指在一定程度上，通过节约的方法来减少物流成本的绝对值；相对成本管理既要开源节流，又要想办法提高企业的收益，既要减少企业的成本，又要兼顾企业的经营效益。在此基础上，现代物流的成本管理也被称为"相对成本控制"。

（二）物流成本控制的原则

在物流成本管理中应遵守一些基本原则，归纳如下。

1. 经济学原理

经济原理又称为成本-效率原理，它是对物流成本进行控制所产生的费用，不能超出由于缺乏管制而造成的损失。物流成本控制是一种有效的方法，它可以降低成本，纠正偏差，是一种实用的方法。从经济学原理看，物流成本管理只能从重点环节中选取关键要素，而非对全部成本项目进行严格的控制；同时，在经济原理的指导下，对物流成本进行灵活的管理，并对其进行相应的调整。

2. 综合的原理

物流成本管理的整体原理包含三个层次：第一，全过程控制，即物流成本的控制不仅局限于企业的物流活动，而且还涵盖了整个生产过程；二是全面管理，即物流成本的控制，既要控制成本发生的数量，又要控制成本发生的时间和原因，保证企业的成本支出合理；三是全员控制，即在物流成本控制中，既要有专业的物流成本经理，又要动员所有的员工主动投入物流成本控制中去。

3. 重点控制原则

所谓的"核心控制"，其实就是要落实"二八"管理学原理，即80%的成本费用都来自成本项目的20%，因此，物流管理人员应该集中精力于这20%的关键费用项目，并对其进行重点控制，而对于其他金额不高或不重要的费用项目，则可以忽略。此外，重点控制原则也规定了企业在日常的物流费用开支中要尽量减少，但是要特别注意各种特殊情况。

4. 领导推动原则

由于物流成本管理是一个企业的整个生产运作过程，也是一个需要全体员工共同参与的过程，因此，必须由公司的高层领导来推动，在此，企业的领导首先要关注并全力支持物流成本的管理，并为物流成本管理提供制度和文化支持；其次，要求各个部门在对物流成本进行控制的同时，也要在一定的限度内确定一项费用的支出，从而保证对后勤成本的管理和人员的责任、权力和利益保持一致。

（三）物流成本控制的方法

1. 标准成本控制法

（1）标准成本

通过精确的调查、分析和技术测量，标准成本被用来评估实际费用。通常，标准成本包括以下几种。

①基本标准成本

基准费用是一种在确定后，在相关基础条件未发生明显改变的情况下，不会改变的一种标准成本。这种标准成本将不同时期的实际成本与同一标准进行比较以反映成本的变化和差异。但是，由于将来的状况一直在不断变化，因而用基准费用作为基准来衡量将来的费用，不可避免地会有偏差，因而在实践中被采纳得比较少。

②现行标准成本

目前的标准成本是指在当前的实际情况下，按照未来一段时间内所发生的关于物流要素消耗量、预计价格和预计的物流运营能力使用情况而确定的标准成本。这种标准成本可以包括管理层认为短期还不能完全避免的某些不应有的低效、失误和超量消耗，最适合在经济形势变化多端的情况下使用。

③理想标准成本

理想的标准成本是指在目前的运营状况下，所确定的最小的成本。它通常是根据理论上的有关要素用量、最理想的要素价格和可能实现的最高物流经营能力利用程度来制定的。采用这种标准不允许有任何失误、浪费和损失。由于这种标准未考虑客观实际，提出的要求过高，很难实现，故实际工作中很少采用。

④正常标准成本

正常标准成本是以正常消耗水平、正常价格、正常的物流运营能力为基础的标准成本。在制定时，一般将企业物流经营活动难以避免的损耗和低效率等情况也计算在内，由于这种标准成本具有客观性、科学性、现实性、激励性和稳定性等特点，因此在实际中广泛应用。

（2）标准成本控制法的实施步骤

在标准成本控制的基础上，将企业的成本划分为标准成本与费用差额，对企业的成本差异进行分析，确定企业的责任，从而达到降低企业物流成本的目的。执行标准成本的方法通常包括下列步骤。

①制定企业后勤服务的标准成本。单位后勤服务标准成本是指单位后勤服务的标准品消耗与标准品的总和。

②以货运量与费用基准为基础，计算出物流业务的标准费用。标准物流服务费用是指企业的实际业务和企业的标准物流服务费用的总和。

③对物流的实际费用进行汇总和核算。

④对物流中的标准成本和实际费用进行了测算。

⑤对造成物流费用差别的成因进行了分析。

⑥编制物流费用管理报表，并对其实施进行评估。

（3）物流标准成本的制定

物流标准成本主要包含直接物料标准成本、直接人工成本和相关成本标准成本。

①物流直接材料标准成本的制定

物流的直接物料标准成本是指物料的使用和价格的乘积。在物流活动中，直接物料标准成本是指在包装和流通过程中产生的成本。直接材料用量标准应根据企业物流作业情况和管理要求制定，包括有效材料用量和物流运作过程中的废料及损失；直接材料价格标准应能反映目前材料市价，包括买价、运费、采购费等，一般由财会部门会同采购部门确定。

②物流直接人工标准成本的制定

物流直接人工标准成本的制定是指根据物流直接人工成本的组成和变化趋势，结合企业的实际情况和行业标准，制定出符合实际的物流直接人工标准成本，作为企业进行成本预算和控制的依据。在制定物流直接人工标准成本时，需要考虑物流活动的复杂性和影响因素，包括人员工资、社会保险、福利、培训和管理等方面的成本和变化趋势，同时还需要考虑物流活动的特点，如不同环节和不同任务的人工要求等。制定物流直接人工标准成本的过程中，还需要运用科学的方法和工具，如行业标准、时间序列分析、经验公式等，综合考虑各个方面的因素，从而制定出合理可行的标准成本。通过制定物流直接人工标准成本，企业可以进行成本预算和控制，及时调整和优化物流直接人工成本的控制策略，提高物流成本的效益和客户满意度。同时，制定物流直接人工标准成本还可以提高企业的市场竞争力和盈利能力，促进企业的可持续发展。

③物流相关费用标准成本的制定

物流相关费用标准成本可划分为变动的物流服务费用标准成本与固定的物流服务费用基准成本，不论是否变动或固定，其物流相关费用标准成本均是与相关费用数量基准与定价基准的乘积。数量标准可以是单位后勤工作的直接人力工时标准、机械设备工时标准或其他标准；价格标准即每小时变动（固定）物流相关费用的分配率，可用变动（固定）物流相关费用预算总额除以物流直接人工标准总工时（机械设备标准总工时等）取得。

（4）标准成本差异的计算和分析

在确定了物流标准成本之后，在实际的物流操作中，必须对标准成本进行控制。物流费用和标准成本的差别叫作"物流费用差"。实际费用超出标准成本而产生的差额称为不利差额（或赤字），而实际费用比标准成本低的差额称为"优惠差额"（或盈余）。运用标准成本法进行成本管理，目的在于尽量扩大企业的利益差距，减少企业的不良影响，减少企业的物流费用。

标准成本差值的计算与分析通常采用因子分析方法。因子分析法是一种计算各种因素对某一指数变化的影响程度的方法。在计算某个因子对某个指数的影响时，假设仅该因子在变化，其他因子保持不变；并在此基础上，对各因子的替换进行了排序，并将其与被取代之前的各因子进行对比，以确定其对各因子的影响。

我们可以按照上述通用计量模型，分别计算物流直接材料成本差异、物流直接人工成本差异和物流相关费用成本差异，这里不再赘述。对于不利差异，要分别从数量差异和价格差异两个层面寻找原因，明确责任部门，及时加以改进；对于有利差异，也可以在分析数量差异和价格差异的基础上，明确有利差异产生的原因，为今后制定成本标准和实施成本控制提供依据和经验。

2. 目标成本控制法

（1）目标成本控制法的基本思想

目标成本控制是指以目标成本为基础，通过价值工程等手段，对物流成本进行综合管理，以降低物流成本，增强竞争能力。与传统的成本核算方法比较，其主要特征是：一是采用战略成本管理思想，寻求在不影响企业竞争优势的情况下，减少成本；二是以市场为导向，目标成本法所确定的各层级的目标费用均来自激烈的市场，无论是直接还是间接的；三是重视全流程管理目标成本法把整个物流运营活动视为一个整体，在进行之前的物流成本预测、事中物流费用的形成以及之后的物流成本分析等方面，都要把这些纳入物流成本的控制之中，特别重视对物流前期的成本管理与控制；四是实施分类管理，以目标成本为基础，按照不同的需求对物流费用指标进行划分，便于各职能部门之间的职责划分。

（2）物流目标成本控制的程序和方法

根据物流活动的内容，物流目标成本控制的步骤与方法也不尽相同。归纳为三大要素：目标成本确定、目标成本分解以及目标成本实施、考核和修订。

①物流目标成本的确定

目标费用设置通常需要在目标销售价格的基础上，建立一个能实现目标利润的目标费用，因此，可以通过预测物流业务收入与目标利润之间的差值，来决定物流目标成本，如目标利润法、上年利润基数法等。在初步确定物流目标成本后，可以通过调研、分析等方法，对物流目标成本的预测、目标利润等进行分析，从而使目标成本更科学、更合理。

②物流目标成本的分解

物流目标成本分解就是根据管理需求或者某种方法对目标成本进行分解，从而使目标成本划分清晰，从而实现目标成本的生成。物流目标成本的分解往往并非一次性完成，而是要反复地进行修正，有时候还必须对原有的目标进行修正。在物流目标成本划分上，可以采用多种方法进行：一是针对多个项目，将目标成本分解为各个产品的目标成本；二是对各个部门进行分解，直到每个人都能得到具体的执行；三是对物流成本进行分类，将物流成本分为运输成本、仓储成本、包装成本、装卸搬运成本、流通加工成本、物流信息成本、物流管理成本和库存成本；四是对物流费用的支付形式进行分类，将其划分为材料费、人工费、维护费、一般费用和特殊费用；五是按照物流的规模划分，将物流成本划分为供应物流成本、企业内部物流成本、销售物流成本、回收物流成本、垃圾物流成本。

③物流目标成本的实施、考核和修订

对物流目标成本进行分解后，在具体实施中首先要计算企业物流实际成本与目标成本之间的差异，对于出现不利差异即实际成本超过目标成本的，应运用价值工程、成本分析等方法寻求最佳的物流设计，以期不断降低物流成本。另外，还要对目标成本的执行情况进行检查考核，调动企业各方面降低物流成本的积极性，尤其是对于在物流成本中占有很大比重、经常波动、难以控制的目标成本，要经常进行检查，通过检查来发现差异，揭示矛盾，充分发掘企业的内在潜能，为下一步修订目标成本提供参考。

3.责任成本控制法

（1）责任成本和责任成本控制

责任成本是指责任单位能够预测、计量和控制的所有可控成本的总和。在确定责任成本时，首先需要进行成本责任单位的划分，责任单位的划分并不在于单位的大小，而在于物流成本管理上的需求和责任可以清晰界定，其物流成本管理业绩可以单独考核的单位。例如，企业内设的各个部门可以作为责任单位，如供应部门、生产部门、设计部门、销售部门、质量管理部门等；也可以将各个部门内部下属的平行职能单位作为责任单位，如供应部门内的采购部门、仓储部门等；还可以将具有隶属关系的部门或单位作为责任单位，包括公司总部、分公司、车队等。责任成本是由责任单位能够预测、计量和控制的所有可控成本的总和组成，其中包括与物流活动有关的直接成本和间接成本，如运输费用、仓储费用、装卸费用、管理费用等。对于责任成本的控制和管理，需要依据责任单位的实际情况和物流成本的特点，采取相应的管理手段和控制措施，从而实现物流成本的合理控制和降低。

（2）物流责任成本控制的基本程序

在对物流成本进行控制时，应采取以下几个步骤：一是确定责任层级，设立责任中心，确定各职能部门的成本责任与权限；二是按照可控制的原则，对各个成本中心进行详细划分；三是要对物流的责任成本进行全面计量、记录和报告。计算各责任中心的责任成本时，应在该责任中心发生的全部成本的基础上，扣除该责任中心不可控成本，加上其他责任中心转来的责任成本，在计量、记录的基础上，定期编制物流业绩报告，通过责任成本实际发生数和控制标准的对比和报告，检查和考核各责任层次和责任中心的业绩。

4. 定额成本控制法

（1）定额成本控制法的基本思想

定额费用控制法是一种通过确定费用限额的方式来控制实际费用产生的方法，以达到减少物流费用的目的。在具体实施中，首先需要确定物流费用的限额；其次，实际产生的物流费用被归为定额成本和定额差异两部分，并分析差异的原因，及时向物流管理部门反馈。通过实行物流定额成本控制制度，可以随时揭示实际成本与定额之间的各种差异，有利于考核物流活动各个环节的成本控制效果。此方法的优点在于可以使物流管理部门对物流费用的变化有充分的掌控，以便及时调整措施，防止费用超支。缺点是在制定物流费用限额时，需要考虑到实际情况，并适时进行调整。

（2）物流定额成本的制定

物流定额成本是指在物流管理中，按照规定的标准和定额，将物流成本分摊到各个环节和责任单位上的一种成本。它主要包括直接物料定额成本、直接人工定额成本以及与物流有关的其他定额成本，这些成本都是在物流活动中直接发生的，而且可以通过物流定额成本控制制度进行管理。与物流标准成本相比，物流定额成本更具体、更具针对性，可以根据实际情况进行相应的调整，以保证物流成本的控制和降低。同时，物流定额成本也是衡量物流活动经济效益的重要指标之一，可以用来评估物流管理部门的绩效。

①物流直接材料定额成本的制定。物流定额费用是当前的消耗定额和计划价格的乘积。直接材料定额成本常见于物流活动中的包装成本和流通加工成本。

②物流直接人工定额成本的制定。物流直接人工定额费用是指直接人工定额工时与计划工时或计件工时的总和。直接人工定额成本是指物流成本、仓储成本、包装成本、装卸成本、流通加工成本、物流信息成本、物流管理成本。

③物流相关费用定额成本的制定。物流相关费用定额成本分为变动物流费用定额成本和固定物流费用定额成本，无论是变动还是固定费用，其物流相关费用定额成本都是相关费用数量定额和有关计划价格的乘积。为计算简便，通常将物流相关费用预算数按一定比例直接分摊到相关物流成本项目，作为相关成本项目的物流间接定额成本。

（3）脱离定额差异的计算和分析

对非定额成本差异的计算与分析，是物流定额成本核算方法的核心内容，主要包括直接物料脱离定额的差异计算与分析；对造成不良影响的，也就是超出定额费用的，要进行深入的剖析，明确责任单位，并及时纠正。

二、以物流范围为对象的物流成本控制

（一）供应物流成本控制

供应物流成本是指在采购过程中，企业所产生的物流成本。特别是在一项采购活动后，由供应商的仓库向公司仓库运送公司所需要的原料（生产材料）的物流成本。因此，供应链物流的成本管理，就是在物流过程中，对其所界定的物流环节进行成本控制。具体而言，有下列几项主要措施。

1. 选择合适的供应商

供应商的数量众多，其供货价格、供货地点、运输距离、服务水平等也各不相同，因此，采购的成本也会有所不同。因此，在选择供应商时，不仅要考虑供货的成本，而且要综合考虑服务水平、供货地点等方面的因素。综合考虑各种因素对企业的采购成本和物流成本的影响，从而选出综合成本最低、服务最便捷的供应商。

2. 选择合适的订货方式

订货方式的不同不仅影响企业的库存成本，而且影响企业的订货和采购成本。订货方式包括定量订货、定期订货以及定量定期混合订货等。不同订货方式下，每次货物的采购批量大小不一，采购批量大，则采购次数减少，反之亦然。因此，企业应根据自身的特点和经营需要，在综合考虑各种因素的情况下，根据成本最低的原则，确定最佳的订单模式。

3. 提高供应物流作业的效率

企业在供应物流阶段要组织原材料等生产物资的采购和入库，必然要发生运输作业和装卸搬运作业等。为了进一步减少运输费用，企业应采取适当的运输方式，设计合理的运输方案，积极实施集运，还要充分运用现代技术，推行机械化作业，提高运输和装卸搬运作业的效率。同时，由于供应物流和销售物流经常交叉发生，因此，在物料的采购和销售上，企业可以采取共同装货、集中发送的形式，将采购物流与销售物流相结合，从而最大限度地发挥回程车的作用，从而提高了运输车辆的利用率。

4.加强采购途中损耗管理

在采购过程中，经常会有一定的损失，这种损失也是供应物流成本的一部分。因此，在运输过程中，要采取严密的防范措施，通过完善包装，减少周转，提高运输速度，减少运输费用。

（二）企业内物流成本控制

在企业内部的物流管理中，主要有两个方面：一是通过采取ABC分类管理、选择合适的采购模式、积极推行JIT（准时制生产方式）管理等措施来控制内部的物流成本。二是优化生产流程，力求降低企业内部的库存运输成本，包括运输成本、装卸成本、包装成本等，合理安排生产车间及生产流程，降低原材料、半成品的运输成本，从而提高物流运输的效率。此外，还应该采取科学的仓储管理措施，尽量减少货物的损坏、被盗、意外等，尽量降低库存的风险。

（三）销售物流成本控制

销售物流成本是指在销售过程中，企业所产生的物流成本。具体地说，是指在生产过程中，商品从完成仓库的运动，通过流通，直至运送到消费者手上或最终销售点。

在销售物流中，既要确保顾客的服务品质，又要使销售物流合理化，要把商业和物流分开，要提高销售物流的计划性，要强化销售的订单，减少销售和物流的成本。除了上述措施，企业还应高度关注销售物流阶段的一种重要的物流作业，即配送作业。产品销售阶段的配送作业和配送路线是否优化，直接影响销售物流成本的高低。

1.优化配送作业

优化配送作业的策略主要包括混合策略、差异化策略、合并策略和延迟策略等。企业在销售物流阶段，应根据企业实际，结合产品特征和服务需求等，选择合适的配送策略，以最大限度地降低销售物流成本。

（1）混合策略

混合战略是一种将企业自身配送服务与第三方物流公司的配送服务相结合的策略。采用单一策略，即全部由企业自己完成或完全外包给第三方物流公司，难以满足产品品种多样、规格不一和客户服务要求多样化等需求，有可能导致规模不经济或客户满意度降低。通过合理安排企业自身和第三方物流公司完成的配送服务，可以达到节约成本、提高顾客满意度的效果。采用混合战略的配送模式，可以充分发挥企业自身优势和第三方物流公司的专业性，避免资源的浪费，提升企业的市场竞争力。

（2）差异化策略

差异化策略实质上是一种个体化的销售策略。在产品种类繁多的情况下，由于不同的产品特点和不同的客户服务需求，无法做到统一配送，而是要根据产品的特点、销售水平和服务要求来确定不同的配送模式。

（3）合并策略

合并策略有两个层面的意义：一是在组织运输车辆时，充分利用车辆的容积和载重量，实行合理地轻重配装、容积大小不同的货物搭配装车，尽量做到满载满装；二是企业之间联合，在较大的地域内协调运作，集小量为大量，共同利用同一配送设施、共同对一个或几个客户提供系列化的配送服务。实施配送合并策略是降低销售物流成本的重要举措。

（4）延迟策略

延迟策略是将产品的生产、装配、配送等尽量推迟到客户订购后才决定，这样可以降低预期与现实的偏差，避免存货数量过多、数量不足、不满足客户的喜好等问题。执行延迟策略时，应执行快速反应机制，收到客户的指令后，要迅速地传达消息。在配送过程中，延迟战略也表现为延长库存时间、增大运力、提高运输效率和降低运输费用。在实际操作中，为了更好地掌握、积累、提升配货的效率，可以将"当日配送"变为"次日配送"或"每日配送"。当然，这样的行为必须符合客户的交货时间。

2. 优化配送路线

优化配送路线是指在销售物流的过程中，配送路径的选择是否正确，将直接关系配送的快慢、服务质量和成本。因此，如何合理、科学地选择配送路径，对于降低配送成本、提高配送速度和配送质量起着关键作用。在优化配送路线方面比较常用的一种方法是车辆安排程序法，它是IBM公司最早创立的电子计算机软件，如今被众多企业用来安排配送计划。

使用车辆安排程序法需要满足一定的前提条件，包括配送的是同种物品，有充足的运输能力，各客户的地点和需求量为已知等。在实际的配送业务中，企业往往要同时向若干个客户配送货物，这时在各配送车辆不超载的情况下，每辆车的配送路线上经过的客户越多，则该路线的总行驶里程和成本就越少，该路线就越合理。

三、物流成本综合控制

在提高企业的物流能力的同时，物流成本的管理也是一个系统工程。一方面，由于物流成本和服务质量存在着逆向的关系，一味地追求降低物流成本，往往会使物流服务水平下降，导致顾客流失，从而影响公司的利润最大化。而在物流成本体系中，各个物流成本间存在着逆向关系：一种物流费用的减少会导致另一种物流费用的急剧增加，从而影响整个物流的最低成本。因此，在进行成本控制时，既要遵循最小化的原则，又要兼顾成本与服务的关系，同时又要保证顾客的服务需要，从而达到最大限度地节约成本。物流成本的综合控制有多种方式，企业应根据自身的具体情况，选择适当的控制方式。

（一）合理选择物流运作方式控制物流成本

就物流运作方式而言，一是企业把所有的物流业务都交给了第三方物流公司，在这种模式下，企业可以专注于提高核心竞争力、简化物流管理，但是，在非正常情况下，企业的反应能力不强，无法及时地满足顾客的个性化要求。二是在企业内部建立一个物流运营部门，或者说一个分支机构，专门负责企业的后勤管理和运营，在这种模式下，企业的物流运营部门可以引进专业的物流技术，使其物流活动得到合理的安排，而作为一个内设部门，与采购、生产、销售等部门进行沟通协调，与第三方物流公司相比，具有更大的便利和优势，能够更好地适应顾客的需要。三是在企业内部建立一个专门的后勤管理机构，其具体的物流操作分散在采购、生产、营销等各个方面，在该种方式下，企业有专职人员从事物流管理工作，有利于全面了解和分析企业的物流活动，提出成本控制意见，但由于物流活动分散在企业经营的各个环节，不能实现物流运作的专业化和规模化，同时物流成本的计算较为复杂，需要从各个环节提取和分离；四是物流活动存在于企业经营活动全程，但企业未设立专门的物流管理部门，物流成本的计算和控制由会计部门承担，这是最原始的物流运作方式，在该种方式下，物流成本的计算和控制都处于初级阶段。企业应根据自身的战略目标，结合业务运作实际，选择适合自身的物流运作方式，在满足客户需求的前提下，最大限度地降低物流成本。

（二）构建高效率物流系统控制物流成本

现代物流的一个重要特点就是系统化。可以说，现代物流涵盖了从"生"到"死"的全物理流通，从原料的采购、加工、运输、仓储、包装、装卸等各个环节，通过统筹协调、合理规划，有效地控制整个物流的流通，保证各环节的物流活动井然有序、无缝衔接，从而达到节约物流成本的目的。当然，物流系统构建后，并不是一成不变的，企业要根据客户需求、环境和条件变化等，及时评价并改善系统，不断提高系统效率。

（三）发展信息技术控制物流成本

由于采用了电子数据交换技术和互联网技术，提高了物流的质量、效率，降低了物流成本，现代物流越来越依赖于信息化的技术。物流信息化、自动化、智能化是信息化发展的必然要求。物流信息化是指建立商品编码、数据、运输网络合理化、销售网络合理化、电子商务和条码技术的运用，物流信息化可以实现信息的共享，使得信息的传递更加方便、快捷、准确，提高物流的运行效率，降低物流成本；物流自动化的关键在于机电一体化，它不仅能够实现机械化作业，而且能够扩展物流作业能力，提高作业效率，减少作业错误；物流智能在物流决策中的应用，包括确定存货水平、运输路线、自动导向车的运行路线和作业控制、自动分拣机的运行、物流管理的决策支持等。综合运用现代信息技术，可以有效地改善物流的经营和运营水平，降低物流成本。

（四）实施物流管理创新控制物流成本

物流管理创新的领域和方法有很多，企业应从实现战略目标、降低物流成本的要求出发，选择合适的管理创新方式。企业要积极推行作业成本法，拓展物流成本的范围，对物流费用支出进行全面了解，从而为物流成本的管理与控制提供可靠的基础；按照国际和国内通用标准，积极推进物流标准化，建立物流计算、物流设施标准等；对物流费用的组成与核算进行规范化，并对相关的技术装备进行标准化，在各个环节实施统一的技术标准与管理；积极应用"看板"系统，推行以"零浪费"为终极目标的JIT（准时制生产方式）管理方式，将供产销等环节紧密结合起来，提高效率，减少库存成本；从供应链的角度进行物流费用管理，把各节点企业视为一个整体，并对其进行库存管理、协作关系管理，可极大地提高服务质量。

第四节　物联网技术在物流成本管理中的应用

一、我国物流成本管理现状及物联网引入物流成本管理的必要性

（一）我国物流成本管理存在的问题

1.物流运输及库存成本高

造成这种现象的原因主要有两个：一是宏观因素。目前，我国的物流企业在基础设施方面存在着严重的疏忽，而国家和有关部门投入较少。随着我国城市化和工业化的迅速发展，运输业受到了空前的压力，对我国的物流业提出了新的要求。二是微观因素。我国的物流基础设施落后，管理水平不高，导致物流经营的效率不高，很难适应社会经济的不断发展。比如，许多大的物流公司，都是从计划经济向市场经济转型的，他们缺乏资金，没有先进的设备、没有先进的管理技术、没有足够的市场竞争力。到目前为止，许

多物流公司都面临着这样的问题，使得我国的物流成本一直居高不下。

2.物流管理成本高

首先，是在管理方面的滞后。目前许多大型的物流企业都是从国有企业改制而来，一般这些企业的经理受教育水平较低，而且大部分都是大专学历。随着我国经济全球化的不断深入，物流企业若不能与时俱进，将成为其自身发展的"瓶颈"，从而成为其发展的障碍。其次，技术资料方面的滞后。目前，我国的物流行业普遍存在着信息不对称的问题，物流行业往往以运输、仓储、装卸为主，很难实现信息共享，从而增加了物流成本。

（二）物联网应用于物流成本管理的必要性

1.可降低仓储成本

与发达国家相比，我国的物流流程在设备和人力方面的成本要低，但其整体成本要高得多。现代物流的发展，既要降低企业的成本，又要不断地提升企业的物流服务。物联网的兴起，是现代物流管理的一种实现方式，它能够自动地进行仓库信息的交流，极大地增强了仓库的管理能力，并减少了仓库的费用。

2.可有效提升物流效率，降低物流总成本

物联网是一种高效的信息集成技术，它将直接影响物流系统，实现对物流系统进行全面的收集和处理，并从中筛选出对物流企业有利的资源，从而促进物流的流通效率、促进市场环境的改变和提高流通速度。在供应链过程中，物流企业通过与物联网的整合，可以有效地实现信息的整合和共享，从而实现对原料的控制，确保供应的顺畅，从而减少供应链中的相关企业的存货。通过对货物的自动识别、验货、智能跟踪，可以有效地减少库存和运输中的各种问题，从而减少库存和运输的成本。

二、物联网背景下我国连锁企业物流成本管理

（一）我国连锁企业物流成本分析

连锁经营的成本管理要从整体的物流成本入手。物流总费用是一个企

业重要的运营指标，它是一个企业的核心业务，它可以使企业的利润和顾客的服务最大化。物流成本是指在不同的物流环节中，如配货、拣货、仓储、装卸、配送等，所消耗的人力、物力和财力。对连锁经营来说，其物流成本往往是由仓储、配送等环节的综合费用构成。在物流体系的核心功能中，库存成本占总成本的26%，运输成本占总成本的40%。现代物流管理的目的是使零存货最大化，因此，影响连锁经营成本变动的主要物流行为包括六个层面。

1. 运输成本

在现代物流的经营功能中，运输是企业的核心功能，其成本占到了物流总成本的40%，而其比重则高于其他核心功能。根据物流企业的运作模式，可以将其划分为自营物流和委托物流。根据运输方式的不同，运输模式可以细化为航空运输、公路运输、铁路运输、水路运输等，运输的管理也可以划分为运输车辆和运输路线。所以，优化运输成本是降低运输费用的一个重要方法。

2. 库存持有成本

库存持有成本是物流成本中的一个重要组成部分，它包括机会成本、仓储空间成本、库存服务成本和库存风险成本。

3. 缺货成本

缺货成本是指因内部和外部环境的改变而引起的一种物流链的断裂，使货物延迟或不能销售，进而产生某种费用消耗。要尽量降低或避免缺货费用的发生与扩展，应从以下三个方面入手：一是科学地预测库存，若库存太少，则会大大增加缺货成本；第二，建立一个合理的安全库存量，避免因各种不确定性而造成的缺货，减少缺货的发生，而安全库存量越大，既能有效地防止缺货，又能提高存货的持有成本；第三，及时采取紧急措施，以达到快速、高效的方式及时补货，紧急措施所造成的经济损失要比缺货少。

4. 装卸成本

装卸是物流供应链的一个重要环节，有了物流，就必然有了装卸，因此，装卸费用是物流中经常发生的一种费用。装卸费用的大小直接影响物流企业的机械化程度和效率。换句话说，要想减少装卸费用，就必须对装卸作业进行合理控制，特别是要重视机械化操作和操作流程的安排。

5. 加工成本

加工费用与装卸费用相似，是目前我国企业在物流过程中普遍存在的一种费用，为了提高企业的自动化程度，加强企业的经营管理，达到降低生产成本的目的。第一，应根据顾客的要求，选择合适的加工方法，以确定加工成本；第二，要对加工数量与加工费用之间的关系进行合理控制，以确保加工效率，并尽量减少资源的浪费，降低加工费用；第三，要强化加工工艺的整体管理，包括人员、加工设备、加工商品等；第四要建立相应的经济指标，以方便对生产经营的经济效益进行及时核算；第五要对生产费用分别进行会计处理，以便对其进行经济分析和计算。

6. 订货成本

在此期间，从订单起至送货签收期间的全部费用称为订货费用。订货费用包括订购固定费用和订购变动费用。在实际订购时，要综合考虑两种不同的采购费用类型。

因此，物流成本的形成，包括运输、仓储、加工、补货等核心的物流活动，即制订运输计划，确定运输路线和运输计划；包括出库、入库、拣货、盘货等操作；在生产流程中进行产品的处理；包括制定和计划需求的订单操作；库存不足时的补充；对物流流程进行综合管理。

（二）基于物联网技术的我国连锁企业物流成本优化方法

在物联网的发展背景下，连锁经营的物流管理、仓储管理和服务管理都是供应链管理的重要组成部分。

1. 配送管理方面

随着物联网技术的不断完善，配送车辆、配送路径、配送速度、配送效率和配送精度都得到了进一步的优化，节约了人力、物力、财力。它的应用包括以下四个方面。

（1）运输车辆的选择优化

运用物联网技术，对每次配货、出货的批次、数量、质量等数据进行汇总，并将其反馈给物流中心，再利用网络优化算法对其进行合理的选择，从而达到最大的使用效率。

（2）运输路径的选择优化

通过应用物联网技术，配送中心能够在库存不足的情况下，根据当前的库存状况，自动生成最优的运输路线，从而达到节约人工、节约运输费用的目的。

（3）在途运输监控管理的优化

在RFID技术的基础上，物流中心通过车载终端实现了对未来出行车辆的全部基础信息的采集，并对其进行实时的数据采集。另外，利用汽车的电子定位标记将其与GIS数据库连接，获得其运输地点，并对其进行监测和管理。

（4）在途运输环境监控的优化

通过传感器、智能终端、阅读器等将交通环境传输至电子标签，并将其展示于物联网数据库中，以达到环境监测的最佳效果。

2.仓储管理方面

当前，国际物流业的竞争越来越激烈，而仓储管理是企业赖以生存的重要条件。通过运用物联网技术，可以有效地解决库存、服务、决策等方面的问题，并能有效地把握当前的市场和外部环境，从而有效地降低企业的物流成本。具体表现在以下几方面。

（1）库存管理

其主要内容包括入库、拣货、盘货、出库四个环节。第一，在仓储作业中，可以在仓库入口安装RFID读取器，将入库的货物信息全部录入数据库中，然后使用电子发货单查看有没有遗漏或者出错，确认无误后，就可以进行品质检测，然后利用仓库的感应器来显示剩余的货位，完成入库的操作，并最终录入并制作出一张电子收货单。第二种是在仓库里拣货。这两种方式都是一样的，但是过程却是完全不同的，比如出库拣货，首先是建立了一个管理系统，把货物的存储地址和相关的运输车辆、路线、道路等联系在一起，便于拣货员进行清点，然后用条形码扫描等方式，将拣货信息录入数据库中，然后进行出库检查，根据电子出库单，最后完成拣货。第三，盘存操作是最复杂的，它的效率很难提升，盘存的精确度会影响企业的经营决策。通过应用物联网技术，可以在货架和仓库附近设置无线射频，通过无线网络对商品进行 RFID 扫描，将采集到的信息上传至系统数据库，从而完成清点工作。第四是出库操作，利用物联网技术，通过 RFID 设备在出库过程中的设定，经过仓储管理系统，在出库后，读取出货信息，并自动比对，完成出库操作。

（2）服务管理

在物流查询、统计、监控等方面，企业和使用者都要求提供相应的服务。服务管理可以分为静态和动态两类。前者包括对环境、数量等进行动态存储的服务，以解决供应链中企业的信息共享问题；而后者则是关于商品的基本规格、型号、重量等，以符合顾客的实际需要。

（3）决策管理

这种管理是在确保顾客满意的情况下，确定最优的存货水平，即确定最低的安全库存量。而物联网技术的运用，可以让很多复杂的信息输入效率大大提升，通过网络进行信息共享，方便管理人员在最短的时间内做出决定。

3. 客户服务方面

这是连锁经营能够持续发展的一个重要环节，而这个过程也离不开物联网技术的支撑。比如，如果产品质量有问题，可以通过 RFID 的电子标签进行扫描，以便及时发现问题并解决问题，从而提升公司的品牌形象。物流企业的市场份额与其服务水平密切相关，而服务质量的提高也能达到降低物流成本的目的。以顾客的服务水平为指导，对物流费用进行了分析和优化，并根据顾客的要求，确定了物流费用，寻找服务水平和费用的平衡点，以提高服务质量，确保最优的物流费用。

第五章 基于物联网的供应链物流与智慧物流系统集成

第一节 基于物联网的供应链与物流管理

随着人们逐渐步入信息化时代，物联网技术得到发展和创新。随之而来的是对供应链物流管理系统提出更高的要求，因而产生了以物联网作为基础的供应链物流管理技术。在具体发展过程中，需要加强物联网供应链物流管理工作。整个物联网物流市场竞争日趋激烈，供应链之间的竞争也越来越激烈，这就需要企业实施更加有效的供应链战略。信息交流在供应链战略中扮演着非常重要的角色，为了实现信息交流的通透性，物联网技术被广泛运用于供应链管理领域，其中包括电子产品码（EPC）和无线射频识别技术（RFID）等。这些技术使得企业能够实现对整个供应链上的每一个元素数据的跟踪，从而实现产品信息的及时、完整传递，为企业实施智能化物流供应链管理提供了支持。尽管我国物流企业信息化建设仍处于起步阶段，但物联网技术在物流领域的应用将会带来更大的发展空间和经济效益。

一、供应链管理概述

（一）供应链的概念

供应链是以产品生产、供应、包装、运输、销售、采购等不同环节为基础的一种功能链条。在一个成熟的供应链中，它通常都是依靠每个行业的领导者，有效地掌握信息和信息的传输，从原材料的采集、生产、销售、配送，并通过各环节的有效联系，使企业的物料信息共享、资金灵活运转，形成一条高效的价值链，通过企业间的有效合作与协调，为企业创造更高的利润。

（二）供应链管理的内涵

供应链管理是指通过对供应链中的所有环节进行有效的协调和管理，以实现产品或服务从原材料到最终消费者的流动和价值增长的过程。供应链管理包括供应商管理、采购管理、生产管理、物流管理、销售管理等方面，通过优化各个环节之间的协同关系和信息共享，实现企业的全面竞争优势。供应链管理的主要目标是降低成本、提高效率、提高客户满意度和提高企业的竞争力。

（三）供应链管理的功能和结构

企业的供应链管理目标、功能、结构都可以通过对企业的结构进行形象化的描述。

屋顶是供应链管理的终极目标，也就是提升企业的核心竞争能力。提高顾客服务质量是供应链管理的重要内容和价值所在。我们可以用各种方式来增强企业的竞争力，例如：降低成本，增加对顾客的要求的灵活性，提供优质的产品和服务。

支撑屋顶的两个支柱，代表了供应链的两大要素：网络的组织整合和信息流、物流和资金流的协同。两个支柱可以被进一步分割成一个建筑物。

第一，在供应链建设过程中，要选择适当的战略伙伴并开展长期的合作；第二，把分散的组织整合起来，组成一个高效而成功的网络，并在实际运作中寻找协作；第三，在互联企业的供应链中，合作伙伴必须建立起战略联盟，为企业间的整合提供支撑与保证。

利用信息和通信技术，可以使企业之间的信息流、物流和资金流得到有效协调，而信息技术可以把手工操作转化为自动化，特别是企业之间的业务可以被精炼，重复的业务可以被整合为一个业务。流程导向是指根据新的准则和要求，对流程中的各种活动进行再设计、重组，从而形成新的流程。在完成顾客订单时，涉及物料、人员、机器、工具等多个环节，必须按计划进行。尽管生产、分销和购买规划已有数十年之久，但是他们大都是单独经营，并且受限于规模和范围。在各个地区和机构间，如何进行系统化的规划，已经成为一个新的课题，而这个任务将由先进的规划系统来完成。

供应链管理关注于总的物流成本（从原料到产品的成本）和顾客的服务水平，使整个供应链的各个环节都得到最大程度的优化，从而使整个供应链的利益最大化。

二、物联网与供应链物流管理之间的关系

目前，物联网技术主要有电子产品码技术和无线射频识别技术。在供应链物流管理系统中，通过物联网技术，可以体现出物联网应用的广泛性。人类、物流以及信息技术的结合，将完善供应链物流管理体系，促进物流管理效率和质量的提升，提升业务传输运送的效率，为供应商和消费者提供方便，提高企业的整体服务水平，加强企业和客户之间的联系，为企业和客户更好地合作奠定基础。同时，物流企业利用物联网技术开展物流管理工作，是物联网现代化应用的体现，可以检验物联网在业务方面的可行性，是对物联网技术有效的检验。物联网通过互联网信息技术，构建科技化平台，实现物与物的联系，使得供应链物流管理更加便捷，保证物流管理的效率，提高物流服务水平。在供应链物流管理中利用物联网技术，推动了物联网技术的发展。

三、物联网对供应链物流管理的影响

（一）信息的同步和共享

基于物联网的供应链物流管理的最终目标是实现信息的同步和共享，

在整个物流供应中，对物流资料采取资源追踪措施，保证信息的准确性，确保其信息更加准确、及时。在物联网的基础上，保证信息的同步和共享，推动物流行业的发展，对市场需求做出准确的评估，有效控制各个物流企业的库存量。

（二）可视化供应链

在物联网供应链物流管理中，可以对物流中的产品进行标记，通过标签可以查看其产品信息和互用性信息，帮助管理人员识别和了解资源管理，真正实现供应管理过程的透明化、可视化和公开化。

（三）优化管理过程

在物流供应管理工作中，优化企业资源供应链，实现物流模式的转变，促进整个物流环节的优化，具有准确性和安全性特点。通过模式的改变，使得管理过程得到优化，有效避免人为因素导致的工作失误;提高工作效率和质量，使得物流管理得到完善，实现商品和商品的传递，实现物流资源传递的高效性。

四、第三方物流与第四方物流

（一）第三方物流

随着全球化竞争的加剧、信息技术的飞速发展，物流科学成为最有影响力的新学科之一。随着对物流的认识在理论上不断加深，企业物流管理在实践上也开始从低级阶段向高级阶段发展。其中比较明显的变化是物流功能的整合、采用第三方物流、建立物流信息系统、物流组织能力的提升等。采用第三方物流服务或把物流外包给第三方物流企业成了企业物流实践的一个重要方面。

1.第三方物流的含义

第三方物流是指由独立的第三方物流服务提供商为企业提供物流服务，包括货物的运输、仓储、配送、信息处理等环节。第三方物流企业与客户之间以合同形式进行业务往来，企业将自己的物流工作全部或部分外包给第三方物流企业，从而集中精力经营自己的主营业务，降低物流成本、提高物流效率和服务质量。第三方物流企业通常拥有先进的物流技术和设备，具备专业的物流管理和服务能力，能够提供全方位、高品质的物流服务，为企业的供应链管理提供了有力支持。

第三方物流是以合同的形式对物流经营者和顾客进行约束的一种行为。物流运营商按照合同的要求，为客户提供多功能、多层次的综合物流服务，并按合同约定对所有的物流服务和流程进行管理。针对不同的顾客，物流服务需求也不尽相同。因此，在企业形象、业务流程、产品特性、顾客需求特征以及竞争需求等方面，都需要有针对性地为顾客提供个性化的物流和增值服务。

2.第三方物流的类型

根据企业的经营规模和所承担的物流职能，可以将其划分为综合型企业和功能型企业。功能型的物流公司，也称为"单一的物流公司"，它只负责一个或多个物流职能。物流公司是一般人所称的"后勤公司"，可以根据经营范围进一步细分。根据其经营范围，物流代理也可以分为综合型和功能型两类。功能型的物流代理，主要有货代、仓储、仓代、流通、加工等。包括运输代理公司、仓储代理公司和流通加工代理公司等。

3.第三方物流的价值分析

第三方物流作为一种具有较高经济效益和社会效益的专业物流机构，其发展为社会和企业创造了巨大的利益。而在第三方物流发展的同时，其价值也将得到充分的体现。

（1）第三方物流的成本价值

在激烈的市场环境下，降低成本和提高利润率是公司的首要目标。物流费用是一种很高的运营费用，如果能够对物流进行有效的管理，那么就可以对整个企业的成本进行控制。

通过向第三方物流支付的方式提供服务，专业化的第三方物流公司可以充分发挥其在规模化生产中的专业和成本优势，从而提高各个环节的使用效率，节约成本，实现利润最大化；第三方物流公司通过合理的物流规划，改进运输方式，实现存货的最大化，增加企业的现金流，降低公司的资金压力。第三个利益来源是第三方物流，随着信息化和电子商务的不断发展，企业在降低物流成本方面取得了根本的突破。

第三方物流公司通过降低物流成本，提高利润率，或者通过物流增值服务获得利润，提高物流企业的收益，从而达到提高物流成本和提高物流成本的目的。

（2）第三方物流企业的服务价值

在专业化分工日益细化的今天，企业的资源是十分有限的，因此，只有充分发挥第三方物流优势，集中精力提升自己的核心能力，才能促进公司的长期发展。在引入第三方物流后，企业将更多的精力放在了生产和运营上。第三方物流公司是从一个较高的视角去考虑物流问题，它利用物流体系的设计与信息技术的能力，将其与上游的各个企业进行有效整合，从而提高其竞争优势。

另外，运用第三方物流信息网及结点网络，可加速客户的订货响应，加速订货，缩短订货至交货期，达到快速送货，提升客户满意度。第三方物流利用其先进的资讯与通信技术，强化在途货品的监测，及时发现、处理配送过程中的突发事件，以最大限度地履行对顾客的承诺，确保公司为顾客提供稳定可靠的高水准服务，从而增加顾客的价值，提升企业的形象。

第三方物流作为一种新型的物流企业，其自身的市场需求和合理的产出机制将会对其他行业产生显著的拉动效应。

（3）第三方物流的风险分散价值

企业自身经营物流存在着投资和库存两大风险。一方面，由于企业自身物流需要投入大量的物流设施、设备和运营，因此，物流管理能力相对薄弱，容易导致物流资源的闲置和效率低下，从而导致物流固定资产的投入难以收回。另一方面，由于自身的配送和管理能力有限，企业常常采用高库存战略来应对客户的订单，避免缺货，迅速交货。当市场需求急剧波动时，企业的安全库存量超过半数，因此，企业面临着巨大的资本风险。另外，库存也是一笔很大的开支，久而久之，公司的变现能力就会下降，从而产生很大的资金风险。

（4）第三方物流的竞争力提升价值

将物流外包到第三方物流公司，可以把重点放在核心业务上，增强公司的核心能力。引入第三方物流后，企业转变为一对一地与第三方物流打交道，方便企业在生产和运营上的投入。作为一家第三方物流公司，它可以将供应商、制造商、批发商和零售商等供应链中的各个环节进行有效整合，从而形成一种更加强大的供应链竞争优势。

（5）第三方物流的社会价值

随着我国经济的快速发展，第三方物流的社会价值也越来越受到人们的关注。

第一，它能有效地整合和利用社会上大量的闲置物流资源。第三方物流具有良好的管理、控制能力和强大的信息化体系，能够有效地对现有的物流资源进行统一的管理和运营，组织共同存储、共同配送，使企业的物流系统社会化，实现信息资源的共享，从而促进社会物流资源的整合和综合利用，提高整体物流效率。

第二，通过建立第三方物流体系，可以有效地减轻城市的运输压力。运用专业的第三方物流技术，加强对货运的管理，制定合理的运输线路、合理的运输模式、组织共同配送、货物配送、降低城市车辆的运行数量、降低车辆空载绕行运输等现象，解决因货车运输无序化造成的城市交通混乱堵塞问题，缓解城市交通压力。提高交通运输的效率，可以减少能源消耗，减少废气排放量，减少噪声，从而对环境进行保护和改善，对经济的可持续发展起到积极作用。

（二）第四方物流

1.第四方物流的概念与功能

第四方物流是相对于第三方物流而言的概念，它是一种以整合和协调多种物流资源为特点的供应链管理服务模式。第四方物流服务商主要负责协调和管理整个供应链网络中的各个节点，包括第三方物流服务商、运输公司、仓储服务商、信息服务商等，以达到优化整个供应链的目的。第四方物流在第三方物流的基础上进一步发展而来，其主要特点是集成和优化供应链资源，整合信息流、物流和资金流，并对整个供应链进行全面优化和管理。

第四方物流具有三大职能：一是供应链管理职能，即对从货主、发货人、客户等各环节进行全面管理；二是运输整合的职能，即管理运输公司和物流公司之间的运营管理；三是供应链重构，是指在供应链策略中，根据客户/托运人对供应链策略的需求，适时地改变和调整策略，从而提高供应链的运行效率。

2. 第四方物流的运作模式

第四方物流有三种基本的运营方式：

（1）协同运作模型

第四方与第三方物流合作，为第三方物流提供一系列的服务，包括技术、供应链策略、进入市场策略、专业的项目管理等。第四方物流通常是在第三方物流企业中进行，它的理念和战略是由一个特定的实践者——第三方物流实施，从而为顾客提供服务。第四方和第三方物流通常是通过签订商业契约或战略联盟的形式进行的。

（2）方案集成商模型

第四方物流主要是以整合和协调多个供应商的物流服务为核心，为客户提供完整的供应链解决方案，实现全流程的物流管理。与第三方物流不同，第四方物流更强调对整个供应链的管理和协调能力，是在第三方物流基础上进一步提高服务质量和效率的产物。

（3）行业创新者模型

第四方物流致力于为不同产业的客户提供供应链解决方案，其核心是将整个供应链的功能整合到一起，并将其与下游的客户进行集成。在此，第四方物流的职责十分重要，因为其连接了上游的第三方物流和下游的顾客群。第四方物流将以最佳的经营策略、技术及供应链运作方式，提升全产业的效能。

第四方物流无论采用何种方式，都将打破传统的单一发展模式，真正实现低成本、高效率、实时运作、最大限度地整合资源。第四方物流能够整合各个行业中的最好的供应商，为顾客提供最好的物流服务，从而实现最优的物流计划或供应链管理。而第三方物流缺少在整个供应链中运行和真正整合供应链过程所需的战略专门知识，因此它们不可能提供技术、仓储和运输的最优组合。

五、物联网供应链管理系统

（一）物联网技术在供应链系统中的工作原理

以物联网为基础的供应链管理系统主要由 EPC 网络系统和电子商务平台组成。EPC 网络系统包括射频识别、神经网络软件（Savant 软件）、对象名解析服务系统（ONS）、物理标记语言（PML）以及企业信息系统。EPC 是一种以 Savant 为基础的网络系统，它通过应用程序接口（API）与企业的应用系统进行交互，使其能够将从 PML 服务器中读出的产品信息自动传输至企业应用系统，或者将其存入对应的数据库，并在因特网上进行信息共享。通过与电子商务平台的整合，可以对供应链物流、资金流、信息流进行有效的控制和管理。

在物流业中，通过物联网，可以实现从供应商到顾客的全方位管理与流通。在电子商务平台上，厂商和使用者可以对原材料、产品进行电子采购，供应商能够实时了解厂商的需求，物流服务商则负责原材料的仓储、运输等物流服务。零售商和消费者能够获得产品的生产和运输信息，政府也可以通过网络对产品进行监控。

该系统采用 RFID 技术，从 RFID 读取装置中提取出唯一的电子产品编码。通过 Savant 系统将所读取的电子产品编码传输至 ONS 对象名称服务器，得到相应 PML 服务器 IP 地址。该 PML 服务器是利用 PML 服务器 IP 地址来获取被请求的项目的电子编码，对所要查找的项目的所有信息进行查询，将其通过网络传输至 Savant 系统，并将其存入公司的内部信息系统。而在企业的内部管理系统中，通过对产品的进、销、存进行自动化处理，从而达到对库存信息的确认、数据的交换，从而使供应链中的货物的流动得到科学的优化、资源的合理分配以及在物流中的实时监测，从而使整个供应链的管理更加高效。

（二）物联网供应链管理系统功能分析

1. 产品管理

该RFID解码器在穿过一个节点后，能够捕捉到该商品的电子编码，然后由Savant系统进行实时采集。该系统的状态资讯包含了供应商角色、公司名称、仓库编号、读写器号、时间、地点等，为制造商、零售商、批发商、运输商提供即时的资讯，同时也是进行商品防伪的必要资料。

2. 库存管理

利用物联网技术，对出货进行了实时的库存管理，实现了准确发货、及时补货、降低库存。储存物品可随意摆放，提高使用空间的效能。自动化的经营可以减少员工的费用，同时减少偷盗、损坏、送错等损失。

3. 运输管理

利用互联网技术，在交通工具上粘贴RFID标识，在交通线路的重要节点上设置RFID接收机，实现对交通工具的实时监控，掌握货物所在的地点和预期抵达的时刻，并对其进行快速响应。在运输过程中，如果汽车发生了事故，可以进行相应的处理。

4. 生产采购管理

利用EPC技术，可以准确地在大量的商品清单中寻找原材料和零部件，从而实现对成品的精确控制。通过对原材料、零部件、半成品及成品的全程追踪，可以有效降低因人力经营而造成的错误判断及人力资源的浪费。通过对生产过程中的信息的及时回馈，可以有效地组织生产和计划，确保生产线的正常运转，确保产品的品质。

5. 销售管理

通过应用物联网技术，可以实现对商品的快速补充，降低客户的排队等候，提高客户的满意程度。同时，用户也可以从智能天平上获得关于生产日期、外观、性能等全面的资讯，确保消费者在充分理解商品的前提下购买到符合要求的商品，避免出现过期等问题，降低法律争议，既有利于商家，也有利于客户的利益。

6. 消费者

用户可以利用网络平台，在任何时候都能了解到有关的产品。通过个人电脑或其他终端查询或读出储存在标签上的资料，以确保其品质与安全性，并能对出现品质问题的商品进行责任追踪与赔偿。

7. 退货环节

在库存商品或在市场上销售的商品超过保质期时，该感应器可自动报警，或由读卡机读出商品的标识，并将其输入到网上，由有关公司进行回收。在货物运送至循环再利用的过程中，RFID读取机会将这些物品分类，并将其分类，而无须花费高昂的人力来进行分类。

第二节　智慧物流系统与安全管理系统

一、智慧物流系统需求分析

智慧物流系统的集成化将有效解决我国物流行业所面临的困境，极大地降低物流成本，提高物流效率。集成化的智慧物流系统能将动态的、多变的、目标不同的各个企业或者部门有机地结合在一起，是一个非常复杂的综合系统。智慧物流系统集成是信息技术的集成，通过信息集成、物流全过程和优化，将原材料、半成品和成品的制造、销售、物流、信息流、资金流有机集成并优化成为实时、高效、合理的物流服务体系，能为物流上下游中的参与者提供物流信息和服务的综合系统。

智慧物流系统集成化实现了采购、生产和分销的协同运作，减少物料在流通过程中的阻碍，降低整个系统的成本，增强企业的核心竞争力。智慧物流系统的优势不言而喻，但该系统涉及条码识别技术、射频识别技术、电子数据交换技术、全球定位系统、地理信息系统技术、无线通信技术、系统优化技术等，系统中的信息量巨大、涉及范围广、实时性要求严格。物联网技术的产生与发展成为智慧物流系统集成的必不可少的支撑条件和技术手段，是推动现代物流集约化管理的核心源泉。当前，世界上许多大型物流企业、制造企业、零售企业的物流体系都具有信息化、数字化、网络化、集成化、智能化、柔性、敏捷化、可视化、自动化等先进的技术特点，物流企业和网络都是最新的红外、激光、无线、编码、认址、自动识别、定位、无接触供电、光纤、数据库、传感器、RFID、卫星定位等高新技术，而这种集光、机、电、信息等技术于一身的新技术在物流系统中的集成应用，就是物联网技术在物流业应用的体现。

在物联网技术的基础上，将以高度信息化、智能化、自动化、方便为特点的现代物流体系整合，使各个物流企业可以通过与物流物联网的互联互通，实现信息即时沟通、动作即时协作，提供物流全过程所需的智能化服务模式。以货物的状况信息为流通主体的物联网技术，将对整个物流系统中的所有子系统进行整合，从而构成一个涵盖整个物流活动的全流程智能化综合平台，是我国实现高效物流的基础，降低物流成本的重要途径。以物联网为基础的智能化物流体系整合是今后发展的主要方向，也是实现其目标的必由之路。

二、智慧物流系统构建

1. 建立基础分布式数据库

建立内容符合智慧物流数据库是企业建立信息化建设和智慧物流的基础。其中对数据采集、数据挖掘、数据分析等多个方面利用复杂的算法进行建模，为智慧物流系统构建打下良好的基础。

2. 创建信息采集跟踪系统

信息采集跟踪系统是智慧物流系统的重要组成部分。物流信息采集系统主要由RFID射频识别系统和Savant系统组成。每当识读器扫描到一个

EPC（电子编码系统）标签所承载的物品信息时，就将其收集到的数据传递到Savant系统，为企业产品物流跟踪系统提供相应的数据来源。

3. 推进业务流程优化

传统物流业务流程信息传递慢、运行时间长，商家与物流企业之间协调性差，制约了智慧物流建设的步伐。物流企业运用现代信息技术和最新管理理论对原有业务流程进行优化和再造。企业物流业务流程优化和再造包括观念再造、工作流程优化和再造、无边界组织再造以及办公自动化和智能监测等业务流程的优化和再造。

三、智慧物流安全管理系统

（一）智慧物流的当前形势

我国智慧物流系统建设方面目前还存在不足：一是系统集成能力不强，与其他信息系统未能实现有效对接；二是物流系统信息化水平低，如无法对货物运输过程进行有效跟踪和管理；三是在物流系统中缺少实时监控与管理功能。针对上述问题，需要加快建立智慧物流平台。

（二）智慧物流的安全需求

RFID在零售、物流业中的应用前景毋庸置疑，在这两个领域，RFID能做的不仅仅是取代条码，而且能深刻地改变其中的安全业务流程，并使这两个领域的商业模式和运营效率与安全监控发生翻天覆地的变化。

2. 物联网安全威胁

RFID技术的迅速普及，使其在一些方面的安全性问题超越了传统的计算机信息系统，引起了广泛的重视。

（1）标签计算能力弱

RFID标签在运算速度、功率消耗等诸多限制条件下，其储存容量非常小，例如，最廉价的一种只能包含64到128个位的 ROM，只能包含一个独特的识别码。由于标签的价格限制，其安全性不高，很容易被黑客操纵，而恶意使用者可以通过使用正当的读卡机，建立自己的读卡机，通过与该标记进行通信，读取、篡改，甚至是将该标记中的信息全部清除掉。由于缺乏可信的安全措施，标签的安全性、有效性、完整性、可用性和真实性都不能得到保证。

（2）无线网络的脆弱性

在标签和读取两个层面使用无线电频率进行通信，在通信期间没有任何肉眼的触摸（以电磁波的方式），而无线电网络本身的弱点使得 RFID 系统易于遭受多种类型的袭击。这样可以为应用程序的数据获取带来更多的方便和灵活性，但也可以将所传送的信息公之于世。

（3）业务应用的隐私安全

在现有的安全体系中，安全与服务之间存在着一定的独立性，而在物联网系统中，由于网络的互联和服务的应用密切相关，因此，在物联网中，数据的安全与隐私问题已经严重地影响了未来的发展。

基于 RFID 技术的物联网体系架构，将其安全威胁与攻击划分为两大类型：第一种是针对物理实体的安全威胁，其目标是标记层、读取器层和应用层；二是为了应对无线网络中的通信进程，如无线电波通信和因特网的通信安全问题。

这种类型的网络袭击与一般网络中的攻击方式是相同的，可用已有的安全技术和加密技术来处理，这里不做更多的说明。

2. 物联网安全需求

根据上述的安全性风险，本书认为 RFID 技术在物联网中的应用主要包括标签、读写器、应用系统、射频通信层和因特网层之间的通信。所以，要建立一个安全的网络环境，就需要从四个方面来实现网络的物理和通信的安全性。

（1）标签层

标签所包含的受保护资料有四种：标签识别、认证及管制标签内资料存取的密钥、标签内的服务资料及标签的实施程式码。

①机密性

机密性就是不允许未经许可的使用者存取标记中的资料。尤其是标记识别，因为它与现实生活中的对象（包含人）密切相关，所以标记识别的保密性被视为一个隐私权问题。在对标记的保密性进行防护的同时，也要在实施过程中兼顾成本低、性能低等特点。也就是说，在采用常规加密机制、认证机制和存取控制机制的同时，还需要在实现过程中充分兼顾运算性能的问题。

②完整性

完整性意味着未经许可的使用者无法更改标记中的资料。在此，完整性的作用是为了防止恶意使用者对标记中的商业资料进行篡改，因为通常包含许多与商业有关的资讯。特别是在电子商务中，这种信息常常具有很大的经济效益。而标签识别、标签内的密钥、标签执行代码的完整性，都是通过传统的硬体防护手段来实施的。

③可用性

可用性是能够正确地阅读和回应标记中的资料和函数。在标记中使用kill指令会将标记中的一些或所有的资料移出，从而永久地无效。因此，要确保标记的可用性，以便对读取程序的要求做出正确的反应。

④可审计性

可审计性是一种可以审核和跟踪标记上的所有读、写入的行为，保证标记的可稽查能力。

（2）读写器层

读写器中受保护的资料有三种：与标签互相认证的密钥、与标签相关的资料以及读取与写入程式码。

①机密性

机密性是指只有经许可的使用者才可以存取读取和写入存储器中的资料。特别是与标记之间有互相验证的密匙，当密钥被泄漏时，攻击者很有可能冒充读取者和写入者进行通信，所以在读取器中密匙的安全性是非常重要的。与标记相比，读取器无须严格考虑成本和性能问题，因而可以采用常规的密码技术对其进行保密。

②完整性

完整性意味着只有经许可的使用者才可以在读取和写入程序中更改。特别要注意防止与标记有关的资讯被攻击者所篡改，因为它们通常与商业有关。

③可用性

可用性意味着读取程序和写入程序能够正确地发出一个要求并且对标记做出回应。黑客可以使用或破坏读取和写入程序，所以必须保证读取和写入程序的可用。

④可审计性

可审计是一种可以监控、跟踪和审计所有由读取和写入标记的行为。

（3）应用系统层

在 RFID中涉及的数据有3种：标记数据、用户数据、商业数据（购物记录、银行交易等）。

①机密性

机密性是指未经许可的使用者无法存取到该应用程序的资料。尤其是涉及个人隐私的、与个人有关的个人资料，通常都储存于后台资料库中，当被攻击者窃取时，使用者的个人资料就会失去保护。此外，与商业程序有关的资料的保密也是必要的，因为黑客可以利用它追踪使用者的动向，乃至对使用者的购物习惯进行解析。

②完整性

完整性是指未经许可的使用者无法更改应用程序中的资料。特别是涉及使用者的资料和商业资料，如果被黑客篡改，将会带来巨大的财务风险。

③可用性

可用性是为了使应用程序能够正确地运行，使其符合使用者的要求。

④可审计性

可审计性是确保可以监控、追踪和审计的程序。

（4）射频通信层

射频通信层目标是通信资料及通信通道。

①机密性

机密性是对无线电波通信层间通信资料保密的保障。RFID通信是利用无线电频率进行通信，利用无线电频率信息进行攻击，利用该技术对普通单片机在工作状态下所表现出的不同的电磁波特性进行检测，从而获取与读取装置或其他RFID通信装置的通信资料。另外，因为从读取和写入端到标记之间的正向通道的覆盖面更广，所以其安全性要低于从标记到读取和写入的反向通道。因此，在无线电波通信层面上，通信资料的保密性就变得非常关键。

②完整性

完整性意味着对射频通信层的通信资料进行未经许可的更改。由于射频通信层内的无线网络本身的弱点，攻击端可能会造成讯号与使用者的通信中断，所以必须采用加密、哈希或CRC检查等方法来确保通信资料的完整。

③可用性

可用性是保证通信通道的正确传输。无线电频率信号极易被干扰，而恶意入侵者会通过干扰广播、阻塞信道等手段对射频通信信道造成干扰，所以必须保证射频通信的可用性。

（5）互联网层

互联网层的保密性、完整性和可用性都与因特网的需要大体上符合，这里就不多说了。

（三）物联网安全管理系统分析

1.移动存储载体安全管理系统

（1）系统工作原理

RFID无线电识别技术是为了克服近程或接触式的不足而开发的，它的基本原则是通过无线电频率和空间的耦合（电磁学或电磁学）的传播特征，自动地从被辨识对象中获取并识别所载的资料。RFID无线电识别技术是将无线电标志贴在目标的表面上，以规定形式存储在一个无线电标志中，由该标志向该目标发射特定的RF，该RF标志由该RF接收，该RID标志将该RF信号以特定的频率发射出去，将该无线电标志输入该区域，该区域内的无线电标志就会被基站所接收，并将其进行相应的处理。

移动储存载体的安全性管理是一种重要的物联网应用，通过 RFID技术实现对移动储存载体的实时跟踪和管理，从而保障企业数据和机密的安全。具体的管理措施包括以下几种。

RFID标签管理：在移动储存载体上贴上 RFID标签，并建立相应的标签库，记录每个标签的信息和使用情况。

门禁检测管理：在企业的入口部位和关键地点安装门禁检测装置，检测带有 RFID标签的移动储存载体是否经过，从而实现对移动储存载体的实时监控。

基站管理：在企业内部布置无线识别基站，对带有 RFID标签的移动储存载体进行实时识别和跟踪。

中央服务器管理：在中央服务器上安装信息管理系统和数据库，记录移动储存载体的使用情况、位置、状态等信息，并对移动储存载体进行实时查询和统计。

使用管理：对移动储存载体的使用进行规范管理，明确使用权限和使用规则，避免随意传递、随意存放、随意携带外出等问题。

（2）系统硬件结构

该系统由三大部分构成：数据库系统、门禁系统、手机存取媒体分发系统。数据库的主要内容包括：中心数据库、Web应用服务器和管理终端；该入口控制系统由一个入口控制的终端电脑和一个标识基地台组成；该手机储存媒体分发系统包括PC服务器、打印机和发行部。各个功能模块是由 TCP/IP网络和各个功能单元和移动存储承载设备的安全性监控平台进行连接。

（3）系统软件结构

该系统的系统维护管理包括五个部分：系统维修与管理、存储载体日常管理、存储载体查询统计、存储载体授权管理、存储载体监督管理。系统维修与管理是实现用户、识别基站参数配置、系统数据及整合界面的功能；该手机存储载体的信息管理被用来对存储载体登记、注册和标识绑定进行管理；储存载体查询统计模块为系统所记录的储存媒体的数据进行综合询问，并将其综合产生印刷报告；存储载体授体与监督管理包括存储载体出入报警设定、出入记录查询、出入统计报告产生等。

2. 防伪物流管理系统

通过制定电子防伪物流监控系统，可以使企业的人力资源得到最大程度的优化，提高经营效率，提高企业的效益，维护企业及顾客的合法利益。

（1）系统工作原理

RFID是一项基于 RFID的无触点的自动辨识技术，利用 RFID技术实现对被检测的物体进行自动识别，并且在不需要人为干扰的情况下进行识别。通过对产品编号、生产批号、生产日期等参数进行密码计算，产生一种独一无二的数字管理代码，将这些代码写在电子标记上，然后将这些代码输入读卡机和写入机发出的电磁场中，然后接收到无线电频率，通过感知电流产生的电能，将储存在芯片里的数据进行传输。

最后，利用网上的信息与防伪后勤管理体系所建的基本数据库进行数据的交流。通过对电子监控代码和 RFID的阅读，可以将不同的数据进行链接，以达到对生产、物流、客户等各个方面的数字化监控，并与现有的网络和资料库相适应。

（2）系统硬件设计

①RFID标签设计

RFID标签（tag，应答器）是一种识别目标物体的方法，它包括一个耦合器和一个晶片。在"RF+ Logic Controller+ EEPROM"的基础上，RFID标签的设计可以分为四个模块：共振电路、射频接口电路、数字控制模块和数据存储模块。

RFID标记包含一个内置的天线，可以与读取器无线电波连接。RFID标识根据其能源供应模式分为有源、无源和半有源三种。根据 RFID标记所储存的信息分成可读写、一次写入多次读出和只读类型三种。RFID的工作频率对 RFID的性能有很大影响。RFID标识根据其工作频率分为低频、高频、超高频、微波带。低频率标识广泛用于动物识别、集装箱识别、工具识别、汽车监控等；在图书管理、固定资产管理、智能货架管理等方面，广泛采用了高频标贴；目前，该标签已广泛用于管理流水线自动化、物流管理、集装箱管理、高速公路通行费等方面；在一些行业中也出现了微波标记。该体系的防伪主要依靠世界上独一无二的数字监控代码，所有的电子监控代码均由制造商负责，并有相应的数据库。RFID防伪物流管理是一种新型的电子标识，它能有效地减少制造费用和节省资源，实现对产品的重复使用。

②RFID读写器设计

读写器（reader）是用于读取RFID标签信息的设备。一般包括一个高频发射模块、一个控制模块和一个与标签相连的天线。当RFID标签靠近读写器时，天线会产生一个高频电磁场，激活标签，标签接收到电磁场后，将存储的信息通过天线回传给读写器，然后读写器将信息传输给计算机或其他终端设备进行处理。通过在标签与读取端之间传输无线电波，可以读取和写入 RFID的内容。阅读机和写入机一般有固定型和手持型两种，可以针对具体的应用场合选用。在实际使用中，将读取设备与电脑系统相连，由电脑对采集到的信息进行进一步分析与加工，以识别出商品的真实性，并能及时追踪商品的销量，为企业提供及时有效的决策依据。从 RFID的应用和数据的传送等方面来看，PUR3000型的读写机的工作频率在902～928 MHz之间。在不需要人为干扰的情况下，通过硬件、软件、固件实现了数据的全自动、高速、双向传输，节约了大量的人力。该产品的标签可以将所存储的内容传送至主机或使用者资料库，并具有"蜂鸣"的声音，方便使用者随时掌握PUR3000系列阅读机的工作状况。

（3）RFID读写器软件接口设计

RFID电子商务系统由数据采集、数据传输、服务器应用系统三大模块组成。本书重点阐述了PUR3000的读取和写入程序。

该系统采用RS-232串口进行通信，而读取器–写入者采用的是消极模式，也就是说，只有从串口收到一条指令，才能执行不同的动作。一系列由电脑发送到读取设备和写入设备的信息被称作指令信息，而由读取设备和写入设备发送到控制中心的一系列的信息被称作"返回分组"。

第三节　农产品物流管理与国际物流管理系统

一、基于物联网的农产品物流管理

（一）农产品物流概述

1.农产品物流的定义

农产品物流是指通过现代先进的计算机技术、信息技术、先进的物流装备和物流技术来实现农产品的运输、储存、装卸、运输、包装、加工、销售等环节的物流活动。

2.农产品物流的特征

（1）季节性与周期性明显

相对于工业生产来说，由于农业生产过程的特殊性，农业生产往往处在一个发展的不同时期，物流呈现出强烈的季节性和周期性，即在农业生产的初期出现短时、集中、强大的物流，而在成熟期之后，物流量急剧下降，直至完全消失。

（2）对技术要求高、物流难度大

产业物流通常着眼于货物运输效率，而农产品又要确保其本身的卫生和安全性。对新鲜农产品来说，更是对仓储、包装、加工、运输等环节有较高的技术需求；农产品的价格一般都比较低廉，彼此间可以选择的商品也比较多，所以在农产品的包装、运输、仓储、运输等方面要综合考量，以最大可能的方式减少物流费用。因此，相对于工业生产而言，农产品的包装、仓储、装卸、运输等都是物流环节的问题。

（3）加工增值是重要内容

一般而言，工业产品的物流以保持其商品的价值为重点，而农业企业更注重商品的附加值。大多数的农产品必须先进行初级或深度加工，然后再进行分类、清洗、包装、贴标签等，这样的加工工艺既可以方便流通，又可以延长保存时间，提高生产效率，提高产品的附加值。根据有关数据，将原材料类农产品加工完成后，其附加值会呈几何倍数增长，例如，水产品的附加值可以达到2~3倍，而烟草则可以提高10倍以上。

（4）具有较大的风险

农产品本身的生物化学性质决定了其货架寿命的缩短。相对于工业产品来说，农产品的保质期要缩短许多，工业产品的货架寿命是以年或者月来衡量的，而农业的货架寿命是以月为单位，甚至以天为单位。由于食品的保鲜货架寿命较短，因此，对食品的物流时间具有较高的时间依赖度。在一定的时间里，农业生产企业无法将其成功地进行出口，大多数或所有的农产品都会腐烂，从而造成农民的经济利益受损。

3.农产品物流业务体系

通过物流将农产品从无法销售或售价很低的地区运到其他地区，扩大了销路，增加了农产品的价值。由于农产品物流具有数量大、品种多、要求高等特点，因此，农产品物流业务多种多样。农产品物流业务体系分为基础业务、核心业务、一般业务和专用业务。

（1）基础业务

农产品物流的基础业务包括生产、加工、流通和销售等业务，是农产品物流中最基本的业务。这些业务贯穿了整个农产品物流的全过程，都是农产品物流必不可少的业务。

（2）核心业务

农产品物流作为物流的重要组成部分，其核心业务与物流的基本业务相似，主要包括运输、仓储、配送和信息四项业务。

.（3）一般业务

农产品物流的一般业务包括农资供应、农资包装及储存、半成品储存、加工及包装和销售等业务。这些业务贯穿于农产品供应链中，为农产品完成生产、加工、流通和销售等作业提供支持。

（4）专用业务

农产品由于自身的特殊性，使农产品物流有着和其他物流不同的专用业务，主要用于保持农产品的生化特性，用于冷链物流中，主要包括保鲜、冷冻、冷藏。

4.农产品物流技术应用

农产品物流的发展需要物流技术的支撑，农产品物流技术的创新和发展，是推动农产品物流业发展的重要动力。现代农产品物流有别于传统农产品物流的最显著的特征之一，就是各种现代物流技术的采用，尤其是现代信息技术的广泛应用。

农业物流技术是农业生产过程中运用的一种科学和社会学的理论和手段，同时也是设备和工艺的统称。

（1）标签、标识

物流信息标识是指对物流过程中的实体按照一定的规则进行统一表示的代码，以便能够迅速、准确地采集信息。

（2）运输

运输技术主要是指与运输相关的设施设备和组织技术，主要分为铁路运输、公路运输、水路运输、航空运输、集装箱运输和多式联运。每种运输方式都有各自的设施设备和组织技术，比如铁路设施由铁路线路、车站以及其上的信号设备等构成，铁路组织技术有车流组织、列车编组计划等技术。

（3）包装

包装是指在物品流通过程中为保护物品，方便储运作业，促进销售，按一定技术方法而采用容器、材料及辅助物等进行加工的物流活动。主要技术包括无菌包装、防潮包装、缓冲包装和集合包装等。

（4）储存

储存是农产品物流技术中很重要的一门技术，主要包括各种库存管理组织技术等。

（5）流通加工

流通加工是指以弥补产品制造工艺上的缺陷，更好地服务于使用者或企业，以实现产品与需求之间的良好联系，并将其置于后勤环节，从而形成一个完整的供应链体系。

（6）装卸

装卸搬运是农产品物流正常工作的重要组成部分，农产品物流的每个环节都离不开装卸搬运。装卸搬运设施主要有起重设备、叉车等。

（7）配送

配送涵盖了各种物流的基本职能，集装卸、包装、仓储、流通、加工、运输于一身，是一种用多种技术组合起来的现代物流服务方式。主要技术有车辆集装技术、配送运输技术等。

（8）保管

保管的主要作用是存储和保护物品，以确保它们在整个物流链中的安全性和完整性。此外，保管还可以为企业提供其他服务，例如，库存管理、订单处理、质量控制和包装等。这些服务有助于提高企业的效率和竞争力。同时，保管的时间效益也非常重要。保管可以帮助企业在物流链中节省时间和成本。例如，在物流过程中，物品需要经过多个环节的处理，包括入库、出库、装箱、运输等。如果保管能够更有效地管理和处理这些环节，就可以减少物品在物流链中的停留时间，提高物流效率，进而提高企业的生产效率和利润率。

（9）保鲜

保鲜是在农产品的运送过程中，需要保证农产品的新鲜度而采用的技术，主要有保鲜、冷冻、冷藏运输车厢，冷藏集装箱等设施和技术。

（10）检测、风险分析

农产品物流检测设备主要用于检测物流过程中环境状况和设备的工作情况，常见的有紫外线耐气候试验箱等。农业物流的危险评估是基于对农业生产活动计划存在的不确定（不可控）的影响，对其环境条件和对该计划的敏感性进行评估，估算相关的资料，其中包含了行动计划的成本、在不同的条件下所获得的利益、不确定的机会、在各种危险情况下的经济影响、做出准确的决策等。

（二）物联网在农产品物流中的应用领域

随着物联网技术的发展，物联网的应用已经贯穿于农产品整个产业链，从农产品的生产培育到最后对农产品的溯源，无线射频识别技术、无线传感器和无线数据传输技术等物联网技术都已经为农产品物流的发展提供了技术基础。

1. 生产监控

在农业和农业信息化方面，物联网技术已初见成效，例如：传感器技术应用于农业、农业专家管理、远程监控与遥感、生物信息诊断、食品安全追溯系统等方面。利用物联网技术，实现了对农产品的即时感知与历史数据的储存，并将其应用于农业生产中，并利用物联网技术，对其进行实时、远程上报。通过使用多种传感器节点组成的无线感应网，对土壤湿度、土壤成分、酸碱度、降水量、温度、空气湿度、气压、光照、CO_2等物理量进行测量，并通过各种仪器、仪表实时显示或作为自控参量加入系统的自动调节中，为作物田间生产及精确调节提供了科学的基础，优化了生产环境，不但可以得到作物的生长条件，提高产量和质量，还可以提高水资源、化肥等农业投入品的利用率和产出率，从而实现生产的智能化、科学化及集约化。利用智能化的分析和联动控制，能够及时准确地满足作物对环境的各种需求，从而提高产量；利用智能的光、温的分析和精准的介入，可以实现对植物尤其是珍贵的花的全过程的人为调控。

当前我国已有许多有关农业物联网技术的开发计划，例如：①土壤养分监测，监测土壤养分状况，可为农作物选种及制定种植模式。在土壤监测方面，利用高精密的温度、湿度传感器，根据不同地区的土情和作物的用水量，对农田进行精确的灌溉，不仅可以提高农业灌溉的用水量，减轻水资源日益紧缺的问题，还可以为农作物创造良好的生长条件，并利用现有的节流设备，优化调度、提高效益、提高灌溉效率。②加强对粮情的监测，为食品监管机构进行科学的决策，保障食品的质量。③采用实时监控技术，对大棚内的水分进行持续监控，以达到实时多点的灌溉。通过有线或无线网络，可以将温室内的温度、湿度、光照、土壤含水量等资料传送至资料处理中心，若资料显示超过规定的指标，则会显示门限报警，并由有关装置自行进行智能化调整。④利用二维码实现对动物的追溯，让顾客对其产品的相关资讯有一个完整的认识，从而保证了食品的安全性。

2. 安全监管

我国农业产品质量安全事故频繁发生，从产品到市场的管理一直是一个主要的问题。加强对农业产品从制造到销售的全程监控，可以减少食品的安全风险，而在这一点上，互联网将会起到很好的促进作用。基于对互联网的跟踪，我国很多地方已经将其视为在工业中的重要应用领域。

在我国，已经形成了一套"可溯源体系"。就拿生猪的安全性来说，进入市场的猪肉都装有电子化的芯片，用来追踪生产、加工、批发、销售等所有的环节。具体地说，就是在市场内的肉贩处安装一台可追溯式的电子称重器，顾客可以通过收银条上的追溯代码查询生猪来源、屠宰场、质量检疫等。现在，成都和青岛的一些地方已采用类似的方法。

3. 追踪与溯源

近年来，国内在追溯系统的研究和应用方面投入了大量的资源，多个省市开始尝试对肉类等农产品进行溯源。

以下详细论述了以物联网为基础的果蔬溯源体系。

在互联网时代，物联网技术已经渗透到了整个农业的方方面面，利用物联网技术，用户可以利用自己的智能手机，将自己需要的菜谱和食材直接传送到客户的家中；当蔬菜到达家中时，顾客可以在网上搜索条形码，从而掌握从挑选到收获的整个流程。由于其智能化程度较高，因此在全球范围内都得到了广大农户的欢迎。

基于物联网的蔬菜可追溯系统主要应用如RFID电子标签编码、RFID中间件的设计、RFID的数据采集过滤方法等诸多物联网技术，来实现对蔬菜产品的自动化处理、信息化管理、实时化监测与跟踪。

（1）蔬菜可追溯系统概述

智能农业产品通过实时采集室内温度、土壤温度、二氧化碳浓度、温度信号及光照、叶面湿度、露点湿度等环境参数，自动开启或者关闭指定设备。该系统能够满足使用者的需求，对自动监测、自动监控环境、智能生产等方面提出了更高的要求。利用该系统对气温和其他各种信号进行采集，并利用无线电收发器进行数据传送，从而实现对温室内的温、湿度进行遥控。

针对蔬菜生产、定位、跟踪、监控、销售的全过程，利用 RFID技术和互联网技术为蔬菜可溯源系统的改造提供了理论和技术基础。

新型的蔬菜可追溯系统主要以 RFID系统为核心，以移动电话、PDA（掌上电脑）为核心，通过网络技术，在网络上进行农产品溯源。物联网是一种新型的物流信息化系统，它可以为物流企业在物流过程中的实时追踪、追踪等服务。在蔬菜的生产过程中，追踪是实现有效的物流和业务操作的关键。

（2）基于物联网的蔬菜可追溯系统的构架

利用 RFID技术，在蔬菜上粘贴了一张条形码，从而实现对蔬菜的实时追踪。蔬菜溯源系统包括蔬菜识别、信息处理/跟踪、PML（实体标记语言）服务器、本地数据库服务器和业务系统等。

①蔬菜识别系统

蔬菜辨识的关键是对蔬菜进行编码与辨识，因为每个植物的条形码都具有独特的代码，因此无论当前的蔬菜状况如何，都能在网上录入相应的数字，从而实现对其的追踪与监测。因此，利用 RFID或条形码技术实现的果蔬溯源体系，将 EPC编码用作蔬菜的唯一识别代码，标签由芯片和天线（antenna）组成，每个标签具有唯一的产品电子码。

EPC（electronic product code，电子产品编码）为各个物流对象指定了一个可供检索的识别代码，其中包含的编号序列可以表示蔬菜种类、蔬菜ID、生产日期、生产地点等。与此同时，该系统还能及时地根据市场上的蔬菜的销售情况进行实时更新。一般情况下，EPC代码可以储存在由硅晶片制成的电子标签中，并将其贴在已识别的植物上，由资讯处理软件进行识别、传递和查询。

②信息模块

蔬菜可追踪的主要功能是信息处理、控制和跟踪，并与其他的功能模块进行数据采集接口、信息处理接口、跟踪与监测接口，使蔬菜加工过程达到自动处理的目的。

③专用服务器

专用服务器是蔬菜生产企业所建立和维持的，能够为用户提供蔬菜种类、ID、生产日期、原产地等详细资料，并且能够利用 EPC代码进行蔬菜信息的检索。

④数据库服务器

本机数据库的目的是存储、采集和处理采集的数据，供商业应用程序进行数据的检索和保存。比如，用户可以随时使用移动电话、无线PDA或者网络客户来了解蔬菜的状况。

通过使用互联网技术，可以实现远距离的网上订单，使绿叶能够及时送达，确保产品的鲜味。同时，用户可在网上凭产品代码进行网上搜索，掌握蔬菜的加工工艺，确保蔬菜绿色有机，让顾客安心选购。

二、基于物联网的国际物流管理系统

（一）物联网与国际物流

以新经济、网络经济为代表的电子商务的出现，推动了世界经济的快速发展，推动了世界经济的融合，使得越来越多的物流公司从事了跨国物流，并且随着全球化程度的提高，物流的全球化程度也越来越高。随着国际贸易的发展和世界经济的一体化，国际间的物流业务也得到了快速发展，许多企业已经具备了对全球的物流资源进行优化和集成的能力，为物流配送、仓储和物流处理等行业的一体化物流服务。

国际物流是指在国际上组织商品的合理流通，即各国间的物流业。国际物流的本质就是按照国际通行的物流网络、物流设施和物流技术，按照国际通行的方式进行国际物流的流通和交易，从而推动地区的经济发展和全球的资源分配。

国际物流的总体目的就是为国际商贸和跨界业务提供服务，也就是在成本和风险较少的情况下，通过合理的途径，保证质量，保证及时地从一个国家向另外一个国家提供商品。国际物流与我国的物流体系相比较，具有国际性、复杂性和风险性。

当前，国际物流已经进入了一个全球化的世界，国际物流信息指的是在国际运输活动中所发生的各种信息。在国际物流业的各个方面，都存在着一种双向的信息流。国际物流的信息化是将国际物流体系联系起来的重要桥梁，它的成功运行取决于国际物流的各种体系和联系。

在信息化社会中，随着互联网与通信技术的不断发展与运用，不同企业间进行了信息的交流与沟通。在物联网技术的飞速发展下，国际物流可以利用多种传感器，对任何需要监控、连接和交互的对象或流程进行即时收集，并与因特网相融合，从而构成一个庞大的信息网。其终极目的是使全球的物与物、物与人、物品与网络相连接，便于识别、管理与控制。在世界范围内，由于国际物流业的迅速发展，国际物流业的信息化进程必然要求在国际物流业中完成各种业务的自动化、信息的交流和共享，进而推动全球物流业的社会化、合理化。

下面以东北亚物流信息服务网络为例来具体阐述基于物联网的国际物流管理系统。

（二）东北亚物流信息服务网络

1.东北亚物流信息服务网络的发展成效显著

东北亚物流信息服务网（NEAL-NET）是一种跨区域物流信息服务系统，其基础构建于中国物流信息系统、韩国港口物流信息系统、日本物流信息系统等平台之上。NEAL-NET是世界上首家以物流信息为基础的政府间协作机构，其主要目的是促进东北亚地区的物流信息共享和互联互通。

东北亚经济圈是国际经济合作的重要组成部分，其规模在亚洲地区居于领先地位。中国作为该区域的主要经济体，已经成为韩国和日本最大的贸易合作伙伴。而日本和韩国则分别是中国的第三和第四大贸易合作伙伴。东北亚地区的经济和贸易发展离不开物流业的发展，而在世界范围内设立一个公共物流服务的共享平台，是一个世界性的难题，东北亚地区的物流业信息化服务体系在这一方面率先起步，成为世界各地区乃至整个地区的最先进的一环。东北亚地区的信息化建设成果主要表现在三个层面。

第一，东北亚地区的物流信息化与业务的迅速发展，为三个国家之间的物流信息化提供了良好的联系和提升了企业的经济效益。

第二，东北亚地区的物流信息化建设已形成了大量的协作项目，并形成了相应的配套保障体系。东北亚物流信息服务网是一种国际性、非营利的物流信息互联、交换、共享技术交换和利用的协作机构，其本质是信息交换和建立三国物流中心的一个关键环节，其目的和内涵十分清晰，即共享三国的港口和港口间的货物信息。

第三，东北亚地区的物流信息化建设是三个国家共同努力的结果，也是今后中国服务业网络发展的重要力量。建设东北亚区域的信息交流和分享服务是中日韩三方部长在交通运输业和后勤部长会议上所达成的重要倡议，同时也是实施三方政府之间协定的一项切实措施。东北亚是当今世界上最有活力的区域，其经济总量在世界上仅排在北美和欧洲之后，而中日韩三个国家之间的贸易往来在东北亚、亚洲，甚至国际上最为活跃。东北亚物流信息网是后金融发展的大环境下，为推动各类交通方式的高效连接，逐步形成"无缝衔接"的便捷、畅通、高效、安全的综合物流系统，提供了一条安全、高效的物流系统。

2. 加强相关体制机制的配套，为东北亚物流信息服务网络的发展创造有利条件

物流信息化是物流的核心。物流信息化，也就是物流信息共享平台的建立与运用，对促进我国物流安全、供应链整合、行业联合、区域合作、经济转型、环境保护和节能减排等方面都有着巨大的发展潜力和广阔前景。

为了促进东北亚区域的物流业信息交流，促进中日韩、东北亚区域的物流信息化建设，构建一个稳固的投资体系已成为当前迫切需要解决的

问题。要保证该系统的运行，必须在机构设置和人员配备上切实处理好办公地点等实际问题。东北亚地区的"网络"和"合作机制"均属中立的称呼，如采用"合作机构""合作组织"等形式，且需经过烦琐的审批手续，且成立周期长达3年以上。

东北亚地区的物流业信息化建设是一个跨越式的公共物流公共服务平台，是一个重要的信息服务中转站，在制度层面上，更迫切地要求有一个公共的、非营利的、实体的组织来支持其发展。

公共服务是非营利的，是为公共服务的，需要建立健全的公共物流服务体系。要尽快制定一套快速实施"路线地图"和"项目建设计划""例会"等连接机制；要保障信息服务的公平正义、及时、免费、安全和高效，必须要有一个保障网络发展指导性的运作体制；在此基础上，应继续健全一套由轮值制度、报告制度、费用承担制度、成果共享制度等构成的运作机制。

东北亚物流信息服务体系能够迅速建成并发展为国内首家政府间合作机制，主要是因为各方已经充分了解了物流信息化的功能和发展规律，同时也得益于各国政府和有关部门的全力推进以及企业和各类机构的通力协作。

在未来的发展中，为了更好地促进我国物流信息化建设，我们需要进一步完善协调机制、保障机制和管理机制。首先，应该建立更为紧密的协调机制，促进各方面之间的信息共享和协同配合，提高整个物流体系的运作效率。其次，应该加强保障机制的建设，提高物流信息服务体系的安全性和稳定性，确保物流信息的安全和可靠。最后，应该合理规范管理机制，加强对物流信息服务体系的监督和管理，保证其合法合规运营。

第六章　吉林省物流现状及发展研究

近年来，吉林省政府高度重视物流业高质量发展，持续完善顶层设计，编制完成"十三五""十四五"物流业发展中长期规划和专项规划，推动实施现代物流业发展专项行动方案，制定出台物流降本增效等一系列政策措施，加快物流补短板、城乡冷链等物流基础设施建设，组织申报创建长春生产服务型、珲春陆上边境口岸型国家物流枢纽建设，推动"人字形"双通道建设，常态化运营"长满欧"中欧班列，畅通国际国内双循环物流通道，带动吉林省物流业实现持续稳定健康快速发展。

第一节　吉林省物流发展建设现状概述分析

一、吉林省物流发展建设现状

（一）产业规模不断扩大

据统计，截至2021年底，吉林省实现社会物流总额27 501.23亿元，同比增长30.84%，社会物流总费用为1 898.73亿元，社会物流总费用与GDP的比率为14.6%，与全国平均水平基本持平。全省完成货物运输总量53 587.32万吨，年同比增长19.49%；货物运输周转量2 068.57亿吨/千米，同比增长10.91%；全省邮政行业业务收入（不包括邮政储蓄银行直接营业收入）累计完成8 118.71亿元，业务总量累计完成108.59亿元，同比增长26.92%。全省共有A级物流企业104家，其中5A级6家，4A级57家，3A级39家，2A级2家。与相邻省份相比较，吉林省A级企业数量是黑龙江的近3倍，与辽宁基本持平。

（二）物流基础设施不断完善

伴随着产业的发展，集公路、铁路、海运、航空运输等运输方式的多式联运体系已逐步形成，铁路、公路、机场等物流运输设施网络逐步完善，为物流业转型升级创造了条件。截至2020年底，全省铁路运营总里程5028千米，位列全国第11位，铁路网密度268千米/万平方公里，是全国铁路网密度的1.97倍；公路营运总里程10.78万千米，年均增长2.07%，其中二级及以上公路占比达15.1%，面积密度57.5千米/百平方千米；高速公路总里程4300千米，年均增长10.39%。边境口岸基础设施建设得到加强，增加"长满欧""长珲欧"铁路运行班次，提升集运能力，实现常态化运行、市场化运营。

长春市、吉林市、珲春市被列为国家物流枢纽承载城市。承载城市仓储、包装、交易、配送等为一体的专业化、规模化、信息化的区域性物流基地和骨干冷链物流基地布局日趋完善；通道基础设施、物流园区、总部基地、仓储设施类等基础设施建设项目持续推进。

（三）空间布局不断优化

"十四五"期间，为更好地推进现代物流发展，吉林省现代物流业发展"十四五"规划中就吉林省物流网络空间布局着重加以研究规划，明确提出要依托综合交通网络，立足现有物流通道，着力构建"一核心（长春物流核心区）、双通道（长吉珲、白松长通'人字形'物流大通道）、N个物流枢纽（国家级、省级区域性）"的"通道+枢纽+网络"物流空间布局。重点加强通道基础设施类物流项目、物流园区、总部基地等园区平台类项目、农产品（冷链）物流类项目、智慧物流类项目、快递物流类项目、城乡高效配送物流类项目、国际物流类项目、应急保障物流类项目、粮食等重要农产品仓储设施类项目等"十四五"时期现代物流重点项目布局建设。

（四）服务水平不断提升

大数据、互联网、云计算、5G、物联网、区块链等信息技术在物流领域得到广泛推广应用，促进物流新业态模式加快发展，物流质效全面提升。目前，吉林省汽车、医药、化工、冶金、建材等企业与一汽物流等大型物流企业建立了良好的合作关系，物流企业为制造企业提供物流解决方案。大型工业园区、物流枢纽建立起物流信息平台，面向制造业企业提供及时、精准的物流信息服务。上行下行通道双向融合、多式联运、标准化运载、平台整合、供应链融合、"最后一公里"等新业态新模式加快发展，供应链金融等增值服务不断拓展，物流综合服务能力持续提升。

（五）人才培养不断健全

吉林省物流人才培养体系相对健全，现有包括吉林大学在内的17所本科高校开设"物流管理"和"物流工程"两个物流相关专业。16所高职院校开设现代物流管理、航空物流管理、物流工程技术、铁路物流管理4个相关专业，可以满足不同层次的需要。在政府相关部门加强对物流认证培训监管，确保认证质量的基础上，各层次高校可以充分发挥具有丰富的物流人才与信息资源优势，与物流企业深度合作，互聘教师，在完成学历教育任务的同时，既可以对学生进行形式多样、层次不同短期培训，也可以对在职物流从业人员开展有针对性的培训，为社会输送更多的物流人才。

（六）发展环境不断改善

吉林省提出未来三年时间，全省要着力实施物流通道畅通、国家物流枢纽建设、国家骨干冷链物流基地创建等"十大专项行动"，推动落实包括30个工作事项。全面深化"最多跑一次"改革，简化审批流程，压缩办理时限，提高办事效率。2021年，吉林省获得国家城乡冷链和国家物流枢纽建设项目中央预算内专项资金4300万元，引导资金等相关专项资金通过现有渠道适度向物流业倾斜，以资金补助等方式，支持物流业重点项目建设。

二、吉林省物流业发展现状分析

虽然吉林省物流业已经由粗放式发展阶段进入转型提质升级、由高速增长向高质量发展迈进的新阶段，但是，发展不平衡不充分问题依然比较突出，与高质量发展的要求仍存在一定程度的差距，主要问题如下。

（一）物流企业市场竞争力不强

物流资源较为分散，物流企业的集中度、集约化水平较低，一体化、平台化、网络化服务功能欠缺。吉林省本地物流企业规模小、发展慢、服务范围有限、布局分散，缺乏科学合理的规划，以长春经济圈为核心的物流业发展水平相对较高，其他地区物流发展水平相对偏低。A级物流企业数量仅占全国同类企业的1.44%，比重偏低，缺乏在国内具有较强影响力和品牌优势的大型龙头企业，带动行业发展的能力不强。中国物流企业50强排行榜，吉林省仅有一汽物流入榜，位列第14位。长春欧亚、亚奇物流、一汽解放物流、华阳储运、长久物流等企业具备一定规模，但与南方物流企业龙头相比仍有较大差距。

（二）物流设施设备存在短板

物流基础设施的网络化、系统化、现代化程度较低，尚未形成规模化、集成化、国际化的现代物流基础设施体系。整体设施设备陈旧、数量容量较少，吉林省大多数物流产业仍处在依靠常规货车装运为主的传统运输阶段，主要依靠手工作业，工作人员多，工作时间长，劳动强度大，工作随意性大，容易出现差错，这导致吉林省运输企业的现代化、规模化程度远低于现代物流业应有的水平。传统物流模式是多头管理，导致了物流基础设施的兼容性和配套性较差。不同区域之间的运输系统和运输方式投入欠缺，手推叉车和人工搬运车在所有的搬运工具中占比高，而可视屏叉车和现代化分拣系统在搬运中就很少使用。仓库总容量和运输车辆等占全国的比重低，产地、销地基础设施配套不足，部分集散地设施设备过剩，多数物流企业存在自有设施设备阶段性不足或闲置的问题。

（三）物流环节降本增效不足

吉林省的物流企业大多是从以前的仓储企业和大型运输企业转型过来的，或是由传统的国有企业独立出来的子公司，因此在管理过程中缺乏现代物流的管理理念，而且随着市场竞争的不断加剧，人工费用、燃料运输、土地资源等成本也在不断上升，从而造成了企业成本不降反升的后果，从而使得成本居高不下，企业的利润空间不断缩小，长期经营十分困难。企业的流动资金十分紧张，周转不快，从而严重地制约着现代物流产业的发展。特别是新型冠状病毒肺炎疫情以来，调研企业平均运输费用上涨30%～40%；"放管服"改革、加大降税清费提效力度、加强多式联运转运等基础设施建设、提升物流标准化与信息化水平等多项具体工作措施还待进一步落实完善；吉林省尚无统一的物流公共信息平台、交易平台和监管平台，难以进行高效、科学化决策运营；大数据、互联网、云计算、5G、物联网、区块链等信息技术在吉林省物流领域缺乏大规模的推广应用。

（四）物流人员专业素质较低

吉林省受过物流培训的专业人才过少，培训机构也不够完善。近年来，吉林省物流人员增加了许多，但是物流技术人员和专业人员仍很缺乏，本科以上的物流从业人员仅有15%。存在的问题主要是专业的物流人员缺失阻碍了物流行业的发展进程，并且职业培训的市场秩序比较混乱，理论与实践不匹配，理论与实践结合的方面有所缺失。吉林省与其他物流发展较好的省市相比，物流行业从业人员工资水平低，专业物流人员较少，缺少好的物流企业，导致人员流失日益严重，物流产业发展缓慢。

（五）物流系统标准化程度低

集装箱、托盘、货车、货架等运输工具标准化、信息系统标准化程度相对偏低，供应链中的各个环节衔接亦不够顺畅。部分物流企业使用国外一些国家的标准，部分物流企业使用自己定义的标准，造成运输、仓储和搬运等各方面巨大的效率差异。条形码运用不够普遍，尚没有建立信息数据库共享，造成物流和信息流之间沟通不畅，进而极大地降低了效率。

三、吉林省现代物流体系建设解决方案

为了加快构建吉林省"通道+枢纽+网络"的现代物流体系，推动物流业高质量发展，更快融入全国统一大市场、国内国际大循环、国内国际双循环新发展格局，需着力做好以下几方面工作。

（一）加强组织领导

各地着力推动"十四五"规划、专项行动方案，以及已出台的政策措施落地、落细、落实，让规划早日变成实际行动，尽快取得实效。加快推动长春生产服务型、珲春陆上边境口岸型国家物流枢纽建设，争取早日将长春陆港型、商贸服务型，吉林商贸服务型国家物流枢纽列入国家物流枢纽年度建设名单。积极争取中央预算内投资资金，加快城乡冷链和国家物流枢纽等物流基础设施建设，提供支撑保障能力。

（二）优化基础设施框架

明确长春生产服务型和珲春陆上边境口岸型国家物流枢纽布局、定位、建设与运营路径以及与其他枢纽的联动发展关系，加入全国物流枢纽组网工程。加强物流与制造业、大健康医药、商贸物流与电商快递的融合发展。各主要市县结合各自经济及产业发展特色，建设集分拨配送、产业服务、功能集成的区域物流服务中心（或园区），与双枢纽等基地协同联动、网络化运营，形成三级现代物流网络体系的底层基础架构。创建现代物流大数据智慧服务平台，利用双枢纽、四基地、多中心基础设施和服务网络形成的现代物流体系，全面进行物流数字化改造和智能化开发，整合既有信息平台资源，集成大数据、云计算、物联网、移动互联、区块链等先进信息技术，创建现代物流大数据智慧服务平台，支撑吉林省现代物流体系智慧化发展和迭代升级。

（三）强化相关要素保障

加强对现代物流的系统性政策支持和生态化环境营造，强化各类要素保障，打造多场景公共服务平台，消除各种影响物流高效运转的行政桎梏与管理障碍，推动现代物流的健康发展。积极争取中央预算内专项资金支持，加强吉林省物流基础设施项目建设。通过中央预算内资金补助、地方政府债券等方式，提高对吉林省物流企业的支持力度。

（四）优化物流人才培养

充分发挥教育培训资源优势，有计划、分批次、分领域开展物流教育培训工作，着力培育一批具有国际视野、战略眼光，懂经营、会管理的现代化物流人才。一方面，积极推动相关高校主动对接物流业市场需求，优化拓展物流相关专业设置，升级人才培养方案和课程设置方案，加强理论研究和产学研用研究，培育一批理论型物流人才。加快物流类现代产业学院建设，打造物流领域研究基地和人才培养基地。另一方面，鼓励支持有条件的高职院校增设冷链物流技术与管理、港口物流管理、工程物流管理、采购与供应管理、智慧物流技术、供应链运营等相关专业，进一步提升物流业从业人员培养的数量与质量。开展分层次物流人才培训工作，着力培训一批实用性物流人才。

（五）加快物流企业培育

推动实施本地物流企业培育提升计划和国内外领军物流企业招商引进计划，全面提高物流运营主体的一体化、网络化服务能力和供应链管理水平，发挥现代物流服务区域经济发展、引领产业转型升级的重塑功能和先导作用。选择区位优势明显、产业特色突出、现实基础较好的物流企业（集团），持续加大扶持力度，在土地供应等要素保障、投融资方式创新、重点物流项目建设、省财政资金补助等方面给予适当支持。鼓励企业通过战略合作、资产重组等多种方式，促进企业做大做强。

（六）推动物流业创新

大力发展多式联运、甩挂运输等先进运输方式，全面提升物流整体运作效率和降低综合物流成本。学习借鉴发达省区市经验做法，适时研究制定促进物流企业与制造业融合发展的工作措施。继续采取有效措施，强化组织推动，落实工作责任，明确工作任务，制定实施路线图，着力推动智慧物流建设工程的实施。鼓励支持物流企业加快推广应用数字化、智能化物流信息技术以及设施设备改造升级，提高物流智能化水平。

现代物流贯彻生产、流通、消费全过程，涉及经济社会各个领域，在国民经济高质量发展中发挥着基础性、战略性、先导性作用。物流业也是市场充分竞争的行业，如何在新的发展阶段，应对新的国际国内形势，发挥市场配置资源的决定性作用，特别是如何更好发挥政府的引导推动作用，还有许多课题需要深入研究，工作举措需要细化实化。在今后的工作中特别希望吉林省政协领导和委员给予大力支持，共同推动物流业高质量发展。

第二节　吉林省商贸物流供应链现状及研究

一、吉林省商贸物流供应链现状

目前，吉林省商贸物流供应链中的"链主"企业共有四种类型：一是生产企业主导农产品供应链。以长春皓月、吉林华正、吉林万昌、梅河大米等生产型龙头企业为核心，与上下游客户建立稳定产销对接关系，形成产供销一体化的农产品供应链，为全省生活必需品提供供应。二是批发企业主导农产品供应链。以长春粮油水产、四平万邦、吉林市东北亚等区域性骨干农产品批发市场为核心，与上游农业生产主体、下游零售网点形成了稳定产销农产品供应链。三是零售企业主导农产品供应链。以欧亚集团连锁商超、地利生鲜、远方超市、新天地超市、沃乐玛、大润发等零售企业为主体，与上游农产品生产者、下游门店形成稳定产销农产品供应链。四是电商企业主导农产品供应链。以"京东、拼多多、美团优选、供销e家"等供应链交易平台为主导，与上游农产品供应商和下游客户形成稳定的产销农产品供应链。

二、吉林省商贸物流供应链研究

从工作机制看，建立扁平化的农产品供应链稳定运行协调机制。农产品供应链涉及的环节和部门比较多，供应链条比较长，建议国家建立统一的农产品供应链运行服务云平台，依托平台建立国家、省、市（县）多级，发改、交通、公安、邮政、商务等多部门联动的扁平化协同机制，协调解决农产品供应链稳定运行的诸多问题。

从政策设计看，目前，交通通行及保供政策不协调、不衔接、不匹配仍然的问题，统筹协调供应链各环节或各节点的政策配套，提高相关政策的兼容性，影响供应链稳定运行。

从行业企业层面看，行业和企业之间供应链内部协同也需要加强标准、制度、机制建设，规范供应链链主企业、非链主企业之间的协同关系等问题，保障供应链体系内不发生内耗，促进供应链稳定运行。比如：链主企业与非链主企业之间建立相互约束、相互协同、相互制约的行业规范或工作机制，保障供应链上中下游步调一致、高效协同。

第三节　吉林省农村物流体系建设现状及研究

一、吉林省农村物流体系发展现状及问题

（一）发展现状

吉林省有乡村人口1279万，占总人口的46.7%，农村电子商务发展空间巨大，就吉林省大部分农村地区而言，分散的、实力很小的、素质不高的个体商业，组成了农村流通体系的最主要的部分。与此同时，农民网上购物意愿越来越强烈，2021年，我国农村地区快递收投量已达370亿件。近年来，在政府和电商企业的努力下，县、乡两级物流配送问题得到了很大程度的解决，据交通运输部统计我国快递服务乡镇网点覆盖率已达到98%，但快递直接投递到村的比重仍然很低，村级配送只能依托中国邮政运输网络，存在价格高、配送慢、服务模式较为落后的问题，农村物流"最后一公里"的覆盖率和送达率普遍较低。

（二）存在问题

1.物流基础设施不健全，技术装备落后

物流的包装、装卸搬运、流通加工、运输、信息处理等功能的实施，都与物流技术水平和基础设施有关。目前，吉林省农村的道路状况差，运费普遍较高；缺乏公共的信息平台，物流信息不流畅；缺乏冷藏设施，鲜活农产品难以有效保管、加工；缺乏科学的加工工艺和技术，难以实现农产品增值服务。

2.投入成本偏高，运作效率低下

吉林省农业生产基本是以农户为单位，生产规模较小，分工不细，对物流需求有限且相对分散，产品不容易集聚，使物流运作组织难度增大，造成了农村物流运输不能形成规模，一家一户零敲碎打的格局导致了农村物流投入成本高、盈利空间小。

3.政府多头管理，运营主体分散

农村物流发展涉及发改、交通、商务、农业农村、供销等多个相关部门，导致管理部门不统一、规划布局不合理、物流网络体系分散，在县域普遍存在交通物流、邮政物流、商贸物流、农资物流交叉为农村物流提供服务，低水平重复建设较多。农村物流运营主体数量多、发展迅速，但规模小、层次低、离散性强、组织化程度低。

4.物流配送模式不合理，企业亏损运营

吉林省人口密度较小，村与村之间相隔较远，在调研中发现，延边州大部分物流企业在进行农村快件配送时选择乡镇一级的配送站作为中转点，然后再由村级服务站人员或村干部到乡镇自取，这种模式需要的中转成本较高，人力、物力资源投入较大，据敦化市民营快递企业反映，目前村级配送普遍存在亏损现象，但因受到行政部门管束，又不得不亏损运营。

二、供销社系统在农村物流体系建设方面的探索

吉林省供销合作社以"新网工程"为契机，通过壮大农资、农副产

品、日用消费品、再生资源回收利用四大流通网络体系，促进县、乡、村三级物流体系发展。截至2021年底，供销系统拥有连锁门店7699个，其中县及县以下连锁门店6866个，建设各类配送中心157个。"新网工程"网点已覆盖全省80%的乡镇、50%的行政村，带动城乡劳动力就业10多万人。以"一网多用、双向流通、便民利民"为特征的农村现代流通网络体系初步形成。近年来，吉林省供销社系统对县、乡、村三级物流体系建设做了如下探索。

（一）搭建快递物流平台，构建供销集配体系

吉林省供销社系统发挥自有资产、品牌优势，通过组建仓储物流中心，整合县域快递物流企业，成立除买方、卖方、快递公司三方之外的"第四方物流公司"，对县域各快递公司偏远乡镇和农村快件进行统一分拣、统一配送，有效降低"最后一公里"的运输成本。汪清县供销社牵头组建汪清县益农物流有限公司对县域内10多家快递公司进行整合，建立供销集配、集运、集送模式，以往十多家快递公司各自在乡镇建网点，快件不足还要专车配送，运营成本居高不下，汪清县益农物流有限公司通过整合实现了各快递公司的偏远乡镇快递件在园区仓储中心统一揽收、分拣、配送，做到"一口进、一口出"，并把网点覆盖到每个乡镇和部分村屯，通过抱团发展，有效降低了农村物流"最后一公里"的成本。

（二）谋划重大项目，探索冷链物流基础设施骨干网建设

在对广东、江西两省供销社冷链物流建设开展考察学习基础上，结合吉林省和系统实际，省供销社制定并印发了《吉林供销公共型农产品冷链物流基础设施骨干网建设总体方案》，计划用三年时间，建设"1个中心库+3个板块+N个产地销地仓"。"骨干网"规划冷库库容约100万吨，匡算总投资约80亿元。目前，"骨干网"建设已列入吉林省委一号文件和全省"十四五"规划，吉林省谋划了34个冷链物流项目，首批计划实施项目12个，总投资19.96亿元。2022年，吉林省计划将在终端冷链物流、田间地头冷链物流等方面加大谋划和投入力度，为打通"最后一公里"创造条件。

（三）加强部门间协作，强化现代流通体系建设

省供销社与省交通运输厅、省发改委、省农业农村厅、省商务厅、省邮政管理局六部门联合印发《关于深入推进农村物流高质量发展的实施意见》，加快推进交通运输与农业、商务、供销、邮政快递在农村地区融合发展，提高农村物流网络覆盖。同时，认真贯彻落实《中华全国供销合作总社办公厅关于组织开展"供销合作社城乡双促行动"的通知》，指导全系统持续提升农资供应服务水平，加快发展农产品现代流通网络，积极推动多种形式的产销对接活动，不断加强现代流通设施建设，着力优化农村消费环境，拓宽脱贫地区农副产品销售。

（四）发展系统电子商务，促进线上线下融合发展

各级供销社发挥系统网络优势，依托供销电商平台和线下实体网络，促进农产品流通，加快县域电子商务公共服务中心和乡村级电子商务服务站点建设，完善县、乡、村三级物流配送机制。截至2021年底，全系统规模化电子商务运营服务中心达9个，农村电子商务服务站达1378个，2021年全系统电子商务销售额实现29.2亿元。与此同时，省社依托832政采平台，大力开展农产品推介活动，推动我省脱贫地区农产品在全国销售。截至2022年一季度，我省已实现"832平台"总供应商数202家，活跃供应商145家，上架商品1254个，2021年销售额实现3.1亿元。

（五）探索智慧供销新模式，激发城乡双向流通新动能

长春市供销社打造"供销社丰农惠民驿站"项目，采用线上与线下相结合的方式，打通双向物流流通网络，降低了整体物流成本。在农户端，把每个村的农副产品根据订单纳入规模化种植，以高于市场10%的价格回收农产品，用"一乡一品"的产业集群带动农民增收；在城市居民端，利用社区空闲场所，将农民专业合作社和生产加工企业的蔬菜及农副产品直接投放到社区，利用顺丰物流可在15分钟内送到居民家中，省去中间环节，农副产品、日用消费品价格低于市场10%至20%，打造了"一刻钟便民服务圈"的新型低偿零售便民服务驿站。截至2021年底，供销社丰农惠民驿站已建设村委会和社区服务站57个，供销双品牌联营124个，日均交易额

270万元，实现惠民金额334 269元，帮扶农民增收83万元。

三、吉林省农村物流体系发展规划

（一）加大投入

一是加大农村基础设施的投入，加强道路交通建设和物流网点的建设，完善县、乡、村三级物流配送体系，加强对冷链物流、宽带、城乡道路、智能快递柜等设备设施的资金投入。二是加大对快递物流企业的财政补贴，降低物流企业"最后一公里的"的运营成本，减轻企业负担。

（二）整合资源

一是建立统一的协调机制和执行实体，建立部门间的协调机制，加强各部门间的沟通。充分发挥交通、邮政、商贸、供销各自的优势，形成优势互补，形成系统目标整体最优化。二是整合县域快递物流企业，在现有物流网络的基础上，加强物流企业之间相互合作，共享配送网络、资源和信息，避免无序竞争和重复建设，有效降低物流运送成本。

（三）扩大农村物流经营主体，优化配送网络布局

目前吉林省大部分农村地区主要将村委会作为物流配送中心，农村物流配送站的建设应该因地适宜，采取就近、便利的原则，选择距离配送中心最近的地方作为物流配送站，充分利用互联网、云计算、大数据等信息技术手段，合理规划配送网点的布局，鼓励个体户加盟物流配送站，充分调动村民的积极性，也为更多村民带去便利。

（四）探索多样化配送模式，降低运营成本

一是探索共同配送模式。农村具有快递需求量少，地点较分散的特点，导致运输时间长、空载率高、快递物流成本高，如果采取共同配送模式，将农副产品、农资、再生资源、日用消费品等物流需求整合，可以提高运输效率，降低空载率。二是因地制宜采取多种配送形式。在村级采取直接配送、智能快递柜、自提点自取三种模式结合的方式，通过研究不同模式的适应性，达到配送模式与当地环境的相互契合降低成本的效果。

（五）加大对供销社政策与资金的扶持力度

与其他农村商品流通主体相比，供销社拥有庞大的经营网络，并且具有与之相配套的场地和设施等物质资产，这些资源都可以成为供销社构建现代仓储物流配送系统的优势。供销社经过多年的探索和改革，已经进入了一个新的发展阶段，在信息技术快速发展的情况下，建设现代仓储物流配送系统是具有战略意义的选择。

参考文献

[1] 范碧霞. 物流与供应链管理第2版 [M]. 上海: 上海财经大学出版社, 2020. 03.

[2] 李文娟. 通信与物联网专业概论 [M]. 西安: 西安电子科学技术大学出版社, 2021.03.

[3] 姜波. 现代物流管理 [M]. 北京: 北京理工大学出版社, 2021.09.

[4] 桂小林. 物联网信息安全第2版 [M]. 北京: 机械工业出版社, 2021.05.

[5] 蒋宏艳, 贾露. 物联网终端技术研究 [M]. 吉林人民出版社, 2021.11.

[6] 卢向群. 物联网技术与应用实践 [M]. 北京: 北京邮电大学出版社, 2021.08.

[7] 张恩娟. 电子商务环境下的物流管理与应用研究 [M]. 北京: 中国社会出版社, 2021.12.

[8] 赫宜, 韩多成, 李美萱. 物联网应用系统项目设计与开发 [M]. 北京: 北京航空航天大学出版社, 2021.08.

[9] 邓庆绪, 张金. 物联网中间件技术与应用 [M]. 北京: 机械工业出版社, 2021.02.

[10] 褚云霞, 李志祥, 张岳魁, 张军. 低功耗广域物联网技术开发 [M]. 石家庄: 河北科学技术出版社, 2021.03.

[11] 邹娟平, 胡月阳, 李艳. 基于物联网技术的现代物流管理研究 [M]. 青岛: 中国海洋大学出版社, 2019. 06.

[12] 彭木根. 物联网基础与应用 [M]. 北京: 北京邮电大学出版社, 2019. 08.

[13]陈志新, 李俊韬, 周桂香. 物联网技术及应用 [M]. 中国财富出版社, 2019.08.

[14]黄永明, 潘晓东. 物联网技术基础 [M]. 北京: 航空工业出版社, 2019.01.

[15]刘胜春, 李严锋. 第三方物流 [M]. 沈阳: 东北财经大学出版社, 2019.02.

[16]陈栋. 物流与供应链管理智慧化发展探索 [M]. 长春: 吉林科学技术出版社, 2021.06.

[17]常杰. 物流管理基础研究 [M]. 天津科学技术出版社, 2019.04.

[18]韩洁, 李雁星. 物联网RFID技术与应用 [M]. 武汉: 华中科技大学出版社, 2019.04.

[19]南洋. 基于电子商务环境下的物流体系研究 [M]. 长春: 吉林大学出版社, 2019.01.

[20]李严锋. 现代物流管理 [M]. 沈阳: 东北财经大学出版社, 2020.01.

[21]姚佳琪. 大数据时代 "智慧物流" 新模式研究 [M]. 西安: 西北工业大学出版社, 2020.02.

[22]李海民, 王珊, 陈明佳. 物流管理基础 [M]. 北京: 北京理工大学出版社, 2019.11.

[23]雷杰, 万志鹏, 师路路. 物联网环境下应急物流管理体系与信息系统构建研究 [M]. 北京: 原子能出版社, 2021.12.

[24]郭丽娜. 企业物流管理 [M]. 长春: 东北师范大学出版社, 2019.07.

[25]张磊, 张雪. 物流与供应链管理 [M]. 北京: 北京理工大学出版社, 2021.02.

[26]李兴志, 张华, 曹益平. 电子商务物流管理 [M]. 济南: 山东大学出版社, 2019.09.

[27]田青. 物流与供应链管理研究 [M]. 中国原子能出版社, 2020.08.

[28]陈俊, 刘强, 饶阳春. 现代物流管理 [M]. 济南: 山东大学出版社, 2019.07.

[29]陈鸿雁, 张子辰. 生产物流运管理 [M]. 北京: 北京理工大学出版社, 2020.06.

[30]赵启兰, 张力, 卞文良. 物流创新能力培养与提升 [M]. 北京: 机械工业出版社, 2021.

［31］Liu Chao, Ma Tengfei. Green logistics management and supply chain system construction based on internet of things technology［J］. Sustainable Computing: Informatics and Systems, 2022, 35.

［32］Chen J., Zhang L.. Application of internet of things technology in logistics management systemof automobile supply chain［J］. IPPTA: Quarterly Journal of Indian Pulp and Paper Technical Association, 2018, 30（8）.

［33］Li Joey, Herdem Munur Sacit, Nathwani Jatin, Wen John Z.. Methods and applications for Artificial Intelligence, Big Data, Internet of Things, and Blockchain in smart energy management［J］. Energy and AI, 2023, 11.

［34］J Lydia, S Leones Sherwin Vimalraj, R Monisha, R Murugan. Automated food grain monitoring system for warehouse using IOT［J］. Measurement: Sensors, 2022, 24.

［35］Buga C S, Viana J C. The role of printed electronics and related technologies in the development of smart connected products［J］. Flexible and Printed Electronics, 2022, 7（4）.

［36］Liu Baojing, Han Chenye. Research on Wireless Network Virtualization Positioning Technology Based on Next-Generation Agile IoT Technology ［J］. Journal of Interconnection Networks, 2022, 22（04）.

［37］Ramana T. V., Thirunavukkarasan M., Mohammed Amin Salih, Devarajan Ganesh Gopal, Nagarajan Senthil Murugan. Ambient intelligence approach: Internet of Things based decision performance analysis for intrusion detection［J］. Computer Communications, 2022, 195.

［38］Bang Ankur O., Rao Udai Pratap, Visconti Andrea, Brighente Alessandro, Conti Mauro. An IoT Inventory Before Deployment: A Survey on IoT Protocols, Communication Technologies, Vulnerabilities, Attacks, and Future Research Directions［J］. Computers&Security, 2022, 123.

［39］Garrido Gonzalo Munilla, Sedlmeir Johannes, UludağÖmer, Alaoui Ilias Soto, Luckow Andre, Matthes Florian. Revealing the landscape of privacy-enhancing technologies in the context of data markets for the IoT: A systematic literature review [J]. Journal of Network and Computer Applications, 2022, 207.

[40] Dao Nhu-Ngoc. Internet of wearable things: Advancements and benefits from 6G technologies [J]. Future Generation Computer Systems, 2023, 138.

[41] 陈思, 杨颜君. 基于物联网技术的智慧物流管理研究 [J]. 信息与电脑 (理论版), 2021, 33 (20): 217-220.

[42] 陈伯温, 郭昊旸. 食品冷链物流管理中物联网技术的应用发展 [J]. 商场现代化, 2021 (16): 29-32. DOI: 10.14013/j. cnki. scxdh. 2021.16. 011.

[43] 黄景平. 基于物联网技术背景下粤西地区生鲜产品冷链物流管理存在的问题及对策研究 [J]. 中国市场, 2021 (10): 157-158. DOI: 10.13939/j. cnki. zgsc. 2021.10.157.

[44] 杨文科. 浅谈物联网技术下的现代物流信息管理系统 [J]. 商场现代化, 2020 (24): 40-42. DOI: 10.14013/j. cnki. scxdh. 2020.24. 015.

[45] 王潇怡. 物联网视域下以RFID技术为载体的仓储物流管理系统设计 [J]. 自动化技术与应用, 2020, 39 (09): 155-158+173.

[46] 施和平. 基于物联网技术的食品物流管理 [J]. 食品工业, 2020, 41 (09): 421.

[47] 吴琳娜. 智慧物流管理中物联网技术的应用研究 [J]. 黑河学院学报, 2018, 9 (07): 219-220.

[48] 高迎冬, 李杰, 张颖. 物联网技术在现代物流管理中的应用 [J]. 物流技术, 2012, 31 (21): 175-177.

[49] 王彦梅. 基于物联网技术的整车销售物流管理系统研究 [J]. 物流技术, 2017, 36 (01): 101-104.

[50] 孙静. 基于物联网技术的汽车供应链物流管理系统设计与实现 [J]. 自动化与仪器仪表, 2016 (12): 119-121. DOI: 10.14016/j. cnki. 1001-9227. 2016. 12.119.